LES ORIGINES

DU

SOCIALISME CONTEMPORAIN

LES ORIGINES

DU

SOCIALISME CONTEMPORAIN

PAR

PAUL JANET

Membre de l'Institut
Professeur à la Faculté des lettres de Paris

DEUXIÈME ÉDITION

PARIS

ANCIENNE LIBRAIRIE GERMER BAILLIÈRE ET Cⁱᵉ

FÉLIX ALCAN, ÉDITEUR

108, BOULEVARD SAINT-GERMAIN, 108

1893

AVANT-PROPOS

Ce volume a pour origine un cours professé par nous à l'*École des sciences politiques* en 1872, et dont nous avons déjà publié une partie sous ce titre : *Saint-Simon et les Saint-Simoniens*[1].

Dans le présent ouvrage, nous avons essayé de remonter jusqu'à l'origine des idées socialistes actuelles pendant la révolution française; et nous avons fait précéder cette histoire d'une étude sur les théories de la Révolution en matière de propriété. Notre but a été de montrer que la Révolution, quelque profondes qu'aient été les réformes sociales qu'elle a réalisées, n'a jamais eu pour but l'établissement de quoi que ce soit de semblable à ce qu'on appelle

---

[1] *Bibliothèque de philosophie contemporaine.*

aujourd'hui le socialisme. Au contraire, elle
a établi et voulu établir sur les bases les plus
solides et les plus fortes le principe de la propriété individuelle.

Le socialisme, pendant la révolution française, n'a donc été qu'un accident : comme à
l'époque de la réforme, en Allemagne et en
Angleterre, il s'est mêlé au mouvement; mais
il ne l'a ni inspiré, ni gouverné.

Partout où il y aura des troubles sociaux, la
grande et vieille question de l'inégalité des
richesses viendra se mêler de la partie et
compliquer la situation. Mais ce n'est qu'un
trouble passager. Les grandes conquêtes se
font et demeurent malgré tout, et les utopies
restent dans les bas-fonds sans empêcher le
progrès. Telle est la moralité de cette étude.

Paris, avril 1882.

LES ORIGINES

DU

SOCIALISME CONTEMPORAIN

INTRODUCTION

LA PROPRIÉTÉ PENDANT LA RÉVOLUTION FRANÇAISE

La révolution de 1789 a été, à n'en pas douter,
une révolution sociale : a-t-elle été aussi une révolution socialiste ? Pour résoudre cette question, il
faudrait s'entendre sur le sens du mot socialisme ;
et il faut avouer que, s'il est facile de réfuter le
socialisme, il n'est pas aussi facile de le définir.
On désigne généralement par là une doctrine qui
porte atteinte au principe de la propriété individuelle. Cependant toute modification au régime de
la propriété doit-elle par là même être appelée une
mesure socialiste ? Nul doute qu'à toutes les époques
de l'histoire on n'ait plus ou moins modifié le
régime de la propriété ; les diverses lois successorales dans les différents pays en sont une preuve

suffisante : toutes ces modifications seront-elles à
la charge ou à l'honneur du socialisme? Bien loin
de le compromettre par là, on lui donnerait au
contraire une généalogie et une tradition dont il
n'a pas besoin. Il faut donc restreindre le socialisme, si on ne veut pas tout confondre, à la conception d'un ordre nouveau et purement chimérique de distribution des richesses, qui les mettrait
à portée de tous par l'autorité de la loi. Sans nous
perdre dans des définitions abstraites, si difficiles à
délimiter avec précision, contentons-nous, pour ce
qui concerne la Révolution, d'avancer les deux
propositions suivantes, qui suffisent à l'absoudre
de toute compromission avec les idées socialistes
modernes : la première, c'est que dans ses réformes
la Révolution s'est appuyée sur un principe généralement admis jusqu'alors par tous les gouvernements, tous les publicistes, tous les jurisconsultes, à
savoir, le droit de régler la propriété par la loi. La
seconde, c'est que la conséquence de ces réformes
a été un établissement plus solide que jamais du
droit et du fait de la propriété individuelle. Bien
loin que la révolution française puisse être considérée comme ayant, dans ses grandes réformes,
violé le principe de la propriété, c'est à elle au contraire que l'on doit la confirmation la plus ferme
de ce principe comme inviolable et sacré : c'est là
surtout qu'est nôtre plus sûre garantie contre les
chimères du socialisme. Ce n'est donc pas, comme
on fait d'ordinaire, l'expérience des siècles qu'il
faut invoquer contre ces chimères : elle ne leur

serait au contraire que trop favorable, car l'ancien régime n'est que l'histoire des usurpations constantes du pouvoir contre la propriété, et ce que la Révolution a fait dans ce sens lui vient de l'ancien régime. Ce qui lui est propre au contraire, et ce qui nous défend le mieux et le plus sûrement contre les utopies spoliatrices, ce sont précisément les principes de 89 : c'est à ces principes que nous devons les fortes attaches de notre société au droit de propriété individuelle. Ceux qui, pour détruire le socialisme, veulent réagir contre la Révolution, ne font que porter l'eau à la rivière, en faisant du socialisme à rebours. L'arme la plus forte contre le socialisme, c'est la propriété individuelle. Or nulle part, dans aucun temps ni dans aucun pays, elle n'a été plus fermement revendiquée et plus fortement garantie que par la Révolution.

Nous voudrions nous rendre compte de la conception que la révolution française s'est faite de la propriété, surtout dans l'assemblée Constituante, qui seule en ces matières a laissé quelque chose de stable et de persistant. Il ne faut pas confondre les mesures révolutionnaires avec les institutions de la Révolution : les unes sont des actes transitoires, les autres des lois fondamentales ; ce sont ces lois seules qui constituent ce que l'on peut appeler l'esprit de la Révolution. N'étant pas jurisconsulte, nous n'avons pas la prétention de faire l'histoire de la législation civile pendant cette période : nous renvoyons sur ce point aux ouvrages spéciaux. Ce que nous voulons surtout étudier, ce sont les principes qui ont guidé les législateurs ; c'est leur philosophie de la propriété.

La révolution française a touché à la propriété dans trois circonstances mémorables. Elle a touché à la propriété individuelle par l'abolition des droits féodaux, — à la propriété dans la famille par les lois successorales, — enfin à la propriété de corporation par l'aliénation des biens ecclésiastiques. Quels ont été, dans ces trois grandes circonstances les principes invoqués de part et d'autre par les partisans ou les adversaires de ces grandes mesures ?

I

Tout le monde sait que la révolution de 1789 a
aboli les droits féodaux ; mais qu'était-ce que les
droits féodaux ? C'est une remarque profonde de
Tocqueville que, séparés de l'ancien régime par un
siècle à peine, nous n'en avons cependant que la
plus confuse idée. Nous savons encore assez bien
ce qu'étaient certaines institutions politiques, états-
généraux ou provinciaux, parlements, lits de justice,
assemblées des notables etc ; mais tout ce qui concerne l'ordre social proprement dit, les rapports
qui existaient entre les classes, le bien-être ou le
malaise des populations, les abus, réels ou non,
imputés au passé, le train quotidien de la vie, tout
cela est pour nous couvert d'un voile. La sagacité
de Tocqueville avait bien démêlé que c'était cette
ignorance qui rendait jusqu'ici nos jugements sur la
Révolution si arbitraires et si contraires, et il avait
commencé à élucider cette question dans son beau
livre sur l'*Ancien régime et la Révolution.* Il ne nous
appartient pas de nous enfoncer dans cette étude,
qui regarde particulièrement les historiens : ce que

nous avons surtout à rechercher, c'est la théorie
juridique qui s'était formée avec le temps, et par
une pratique continue, sur les droits féodaux,
théorie qui a été la règle de l'assemblée Constituante
en cette matière; ce sont les principes qui l'ont
guidée et dirigée, principes qui étaient alors, il faut
le dire, acceptés d'un commun accord : car, si
l'on discutait sur les détails, la nuit du 4 Août
nous apprend qu'on était presque unanime sur les
principes. Pour nous rendre compte de ces principes, nous avons à notre disposition un document
inestimable, et qui n'a peut-être pas été suffisamment utilisé : ce sont les *Rapports* de Merlin de
Douai à l'assemblée Constituante ou plutôt au
comité de féodalité. Ces rapports, faits avec une
autorité magistrale et une grande largeur d'esprit,
contiennent, sous la forme la plus claire, la théorie
la plus savante de là féodalité; cette théorie au
reste n'est pas exclusivement propre à Merlin :
c'est le résumé de tous les travaux des juristes
depuis des siècles. Les historiens trouveront peut-
être à redire à ces théories ; mais elles n'en sont
pas moins elles-mêmes des faits historiques importants, car c'est au nom de ces conceptions juridiques
que les tribunaux jugeaient tous les jours dans les
affaires civiles; c'est au nom de ces conceptions que
l'une des plus grandes et des plus fécondes mesures
de la Révolution a été décrétée [1].

[1] Sur l'abolition des droits féodaux, voir le savant ouvrage
de M. Henri Doniol sur *la Révolution française et la féodalité*. Paris, 1875.

· Toute la théorie de la Constituante en matière de droits féodaux repose sur la distinction des droits rachetables et des droits non rachetables. En quoi consiste cette distinction? Quel en est le fondement? Que doit-elle représenter pour nous?

Suivant Merlin, le terme de *droits féodaux* ne doit signifier rigoureusement que les droits qui sont nés du contrat de fief ou d'inféodation : nous expliquerons plus tard le caractère propre de ce contrat ; mais dans l'usage ce terme avait fini par s'étendre à tous les droits, quels qu'ils fussent, qui se trouvaient ordinairement réunis entre les mains des seigneurs, et dont l'ensemble composait ce que les feudistes appelaient le *complexum feudale*. C'est ainsi que, suivant Merlin, les rentes seigneuriales, les droits de champart, les corvées, les banalités, même les tailles seigneuriales, n'étaient pas à proprement parler des droits féodaux, mais en avaient pris le nom par leur mélange avec ces droits. Comment se reconnaître au milieu de cette complexité? C'est cependant ce qu'il faut essayer de faire, si l'on veut comprendre le principe du rachat et du non-rachat appliqué à tant de droits différents. Merlin est l'autorité décisive en ces matières, car ce sont ses vues, ses théories, qui ont été adoptées et mises à exécution par la Constituante : il méritait d'ailleurs cette autorité par sa science profonde, son expérience juridique et la haute lucidité de son esprit.

Lorsque l'on décompose le *complexum feudale*, on y rencontre, selon Merlin, divers éléments, et en

premier lieu un certain nombre de droits sur l'origine historique desquels on n'est pas d'accord, mais
qui avaient pour caractère commun d'être représentatifs des droits de souveraineté. On sait qu'au
moyen âge la souveraineté a suivi la propriété, et
réciproquement. Le seigneur était à la fois souverain
et suzerain. Son titre de propriétaire lui conférait
tout ou partie de la puissance publique. Réciproquement, le souverain, le roi par exemple, était en
même temps propriétaire et souverain. De cette confusion étaient nés une multitude de droits qui lui
avaient survécu. Depuis longtemps, la puissance
publique s'était concentrée entre les mains du roi : le
seigneur ne possédait plus que les moindres privilèges de l'autorité publique ; un grand nombre de
droits qui primitivement avaient le caractère de
contributions publiques s'étaient transformés en
revenus privés. Ces droits représentatifs de la souveraineté étaient appelés *droits de justice*, et la
souveraineté féodale s'appelait *la justice*. De là cet
aphorisme : la justice suit le fief, mais sans se
confondre avec lui. Les justices seigneuriales ne
comprenaient pas seulement les droits de juridiction
et les tribunaux, mais tous les droits pécuniaires
et autres qui dérivaient de la souveraineté, laquelle
était devenue une fiction ou un abus, depuis que
l'autorité de l'État s'était substituée partout à l'autorité féodale. Voici quels étaient les principaux de
ces droits : la *confiscation* des biens des condamnés
à mort : c'est ce qu'on appelait les fruits de haute
justice, — le droit sur les poids et mesures, — le

droit de *déshérence*, ou droit de succéder en cas de
défaut d'héritier, — le droit d'*épaves* et de *varech*
ou droit de recueillir les objets jetés par la mer en
cas de naufrage et en général de tout objet perdu,
— le droit d'*aubaine*, droit de recueillir la succession
de tout étranger mort sur les domaines du seigneur,
— le droit de *bâtardise*, même droit à l'égard des
bâtards, — le droit de *minage* [1], droit sur les
ventes, représentant, suivant les uns, le rachat de
l'interdiction des ventes, suivant les autres, la peine
que prend le seigneur de faire des règlements de
police, — le droit d'*afforage*, de *gambage*, etc.,
droit sur les boissons débitées dans les cabarets,
en retour de la police des officiers seigneuriaux, —
la propriété des chemins publics non royaux, et
des rivières navigables, — enfin le droit de *pêche*
et droit de *chasse*.

Tous ces droits, quelle qu'en ait pu être la justice
à l'origine, représentaient un état de choses qui
n'existait plus depuis longtemps, celui où le seigneur féodal avait tous les attributs et les charges
de la souveraineté; mais depuis plusieurs siècles
ces attributs et ces charges étaient passés peu à peu
des seigneurs à la puissance publique, qui, elle-
même, faisait payer sa protection au peuple par
des impôts que les nobles n'acquittaient pas : le
peuple continuait donc à payer aux seigneurs des
services que ceux-ci ne rendaient plus, et payait
en même temps à la royauté les mêmes services

[1] Merlin cite douze noms différents donnés à ce droit.

dont les seigneurs de leur côté profitaient sans les payer. On voit que d'injustices accumulées pesaient sur la tête des travailleurs, et combien il était équitable que cette première classe de droits fût abolie sans indemnité : c'était déjà beaucoup de ne pas intenter une action en restitution contre les droits levés depuis si longtemps d'une manière illégitime.

Une seconde classe de droits, encore improprement appelés droits féodaux, étaient les droits de *mainmorte*, à savoir la servitude personnelle, et tous les droits représentatifs de la servitude. On sait qu'en effet, à côté des rapports du vassal et du seigneur, il y avait celui du serf et des hommes libres. Le servage, atténuation plus ou moins grave de l'esclavage, était cependant encore une forme de l'esclavage. Le servage lui-même s'était atténué et modifié avec le temps; mais il n'était pas encore entièrement supprimé en 1789, et d'ailleurs, là même où il avait été aboli, c'était au prix de certaines redevances personnelles ou pécuniaires que condamnait l'illégitimité de leur origine, car l'assemblée Constituante ne pouvait pas admettre, et avec raison, que la liberté personnelle pût être l'objet d'un contrat. On comprend donc que ces sortes de droits dussent être abolis sans rachat parce qu'ils représentaient des droits inaliénables qui n'avaient jamais pu être ni achetés, ni vendus.

Mais si l'on était d'accord sur le principe, l'application présentait de graves difficultés, car il s'agis-

sait de décider, entre les innombrables droits dont
les citoyens étaient accablés, quels étaient ceux qui
représentaient la servitude primitive, et même si,
dans ce cas, il y avait toujours lieu d'abolir sans
rachat, car, disait Merlin, « le mainmortable
doit-il se trouver dans une situation meilleure que
le censitaire ? » Le fait de dériver primitivement
de la servitude doit-il nous faire acquérir une terre
sans condition, tandis que le censitaire sera obligé
de la racheter ? N'y avait-il pas aussi des cas où
les droits de mainmorte s'étaient transformés avec
le temps en censives ? Abolir toutes ces redevances
sans imdemnité, n'était-ce pas être juste avec injustice ? On voit combien de distinctions délicates et
difficiles les juristes de la Constituante eurent à
considérer dans cette grande œuvre de la liquidation de la féodalité. Merlin reconnaît qu'il était
presque impossible d'arriver à la perfection dans
une œuvre aussi compliquée : mais il ne faut pas
disait-il, que « le désespoir du mieux empêche le
bien. »

Voici quels étaient les principaux droits auxquels
Merlin, avec la plupart des feudistes, attribuait une
origine servile ou quasi servile : c'étaient d'abord les
tailles seigneuriales (distinctes de la taille royale),
appelées aussi *aides aux quatre cas ;* ce sont les droits
payés par les vassaux dans les quatre circonstances
suivantes : lorsque le seigneur est armé chevalier ;
lors du mariage de sa fille aînée ; lorsqu'il est fait
p isonnier ; lorsqu'il fait un voyage d'outre-mer. A
ces quatre cas s'étaient ajoutés, comme de juste,

bien des cas complémentaires : noces du seigneur,
couches de sa femme, acquisition de terre, etc. Ces
sortes de droits doivent-ils être considérés comme
serviles ? C'était une question débattue entre les
juristes. On en distinguait de deux espèces : les
tailles payées par les vassaux possesseurs de terres,
et les tailles payées par les habitants du territoire
sans possession de fonds. Les premières se ratta-
chaient aux droits de justice, les secondes aux
droits serviles : dans les deux cas, abolition sans
rachat. Venaient ensuite : le droit de *forage*, appelé
aussi droit de *monéage*, droit payé aux seigneurs
pour racheter leur prétendu droit d'altérer les mon-
naies ; quoique Merlin compte cette taxe parmi les
droits serviles, elle paraîtrait plutôt se rapporter
aux droits de justice, — les droits de *guet* et de
garde, prestation personnelle qui tombait d'elle-
même avec les droits pécuniaires qui la représentaient, — le droit de *pulvérage*, droit sur la pous-
sière, etc.

Les principaux de ces droits considérés comme
serviles ou quasi serviles étaient les *banalités* et
les *corvées*. Les corvées étaient, on le sait, des
prestations de travail gratuites que le vassal devait
au seigneur pour l'entretien des routes. Les banalités consistaient dans l'usage obligatoire du moulin,
du four, du pressoir seigneurial, avec interdiction de
construire des moulins, des fours et des pressoirs.
Mais ici de graves difficultés s'élevaient encore.
Toutes les corvées, toutes les banalités devaient-
elles, sans exception, être abolies sans rachat ?

Beaucoup le disaient; Merlin était d'un avis contraire. Il fallait distinguer d'abord, selon lui, entre
les banalités *réelles* et les banalités *personnelles*.
Pour distinguer les droits réels des droits person-
nels il faut considérer, non la substance de la
chose, ni la nature de la personne, mais la cause
de l'obligation. Peu importe que l'on paie en argent
ou en travail, si le prix représente une concession
de fonds; dans ce cas, les banalités et les corvées
sont de véritables propriétés pour les seigneurs,
et doivent être rachetées. Quant aux banalités et
corvées personnelles, il y a encore lieu à distinction : ou elles ont été extorquées par la force, ou
elles sont le résultat de contrats librement con-
sentis. Dans le premier cas, l'abolition est de droit.
Dans le second cas, nouvelle distinction : ou bien
le contrat a pour objet le rachat du servage, et
dans ce cas l'abolition aura lieu sans indemnité;
ou bien les banalités sont de véritables concessions,
et ont été établies par le seigneur dans l'intérêt
des habitants moyennant un droit de péage : un
tel contrat n'a rien de contraire à la liberté naturelle. En conséquence, Merlin proposait le rachat
des banalités réelles et conventionnelles. Mais comment les reconnaître ? La règle proposée était
celle-ci : il faut partir du principe que la banalité
(à part toute convention) est une servitude personnelle. C'est ce qui est en effet établi par une multitude de chartes d'affranchissement. Ce principe
général posé, c'est au seigneur à faire la preuve
des exceptions : toute banalité de laquelle on n'aura

pas prouvé qu'elle est le prix d'une concession de
fonds sera abolie sans rachat.

Ainsi ni la justice, ni la mainmorte ne constituait à proprement parler la féodalité; aucun de ces
droits n'était rigoureusement au nombre des droits
féodaux. Qu'étaient-ce donc que les droits féodaux ?

Les droits féodaux reposaient exclusivement sur
le contrat de fief ou inféodation, lequel était censé
avoir toujours été à l'origine une concession libre
de fonds, faite en retour de certains services. Ces
concessions étaient de deux sortes : ou bien la terre
avait été donnée à charge de service militaire, et
c'était alors ce que l'on appelait un *fief*, ou bien à
charge de culture et moyennant une redevance
annuelle, et c'est ce qu'on appelait une *censive*.
Les fiefs et les censives constituaient encore les
terres *nobles* et les terres *roturières*. Les premières
étaient occupées par des *vassaux;* les secondes
par des *censitaires,* qui n'étaient guère que des
fermiers. Enfin, dans les fiefs, la charge du service
militaire, devenue inutile avec le temps, avait fini
par se transformer en droits pécuniaires. Cette
troisième classe de droits, ainsi définie, constituait
vraiment une propriété, et jamais l'assemblée
Constituante n'a eu la pensée d'y porter atteinte.
Ce sont ces droits qu'elle avait déclarés rachetables
dans la fameuse nuit du 4 août; et si par le fait ils
ont disparu dans la tourmente sans avoir été
rachetés, ce n'est pas la faute de la Constituante,
mais des assemblées qui ont suivi. Cependant,
même dans les droits féodaux proprement dits, et

déclarés rachetables, il y avait encore une distinction à faire entre les droits *utiles* et et les droits
honorifiques, les premiers consistant en argent, les
autres en actes de dépendance et de subordination.
La Constituante, en maintenant les premiers à titre
de rachetables, crut devoir supprimer les seconds
sans rachat, car d'une part ils ne représentaient
pas une propriété, de l'autre ils étaient contraires
au principe de l'égalité des citoyens que l'on
voulait établir. C'est ainsi qu'était abolie la *foi-
hommage*, car là où il n'y a plus de seigneur, il n'y
a plus d'hommage. De cette nature étaient encore
certains droits frivoles, tels que l'obligation, dans
certains pays, de danser devant le seigneur, de
faire un certain nombre de sauts certains jours de
l'année, de porter le dais aux processions, etc. :
c'était là la comédie du régime féodal, et nous
n'avons pas à rechercher si le fameux droit du
seigneur en faisait partie ; Merlin n'en parle pas.

Mais il y avait des droits d'une bien autre
importance, qui n'étaient pas des droits pécuniaires, et qui tenaient à l'essence morale de la
seigneurie, droits dont l'abolition constituait toute
une révolution sociale. Tels étaient les droits
d'*aînesse* et de *masculinité*, suivant lesquels le fief
devait passer de mâle en mâle par droit de primo-
géniture. Ces deux droits, qui n'avaient pas leur
origine dans le droit ancien, tenaient essentiellement au régime féodal. Le fief, garant du service
militaire pour le seigneur, d'une part ne devait
pas être partagé, ni de l'autre tomber en quenouille.

Il était naturel qu'il passât aux aînés et aux mâles.
Or, du moment que le régime féodal était aboli,
que le fief n'existait plus, que la distinction
des terres nobles et des terres roturières dis-
paraissait, ces deux principes n'avaient plus de
raison d'être. Toutes les terres étant égales, le
droit successoral devait être le même pour toutes.
On voit comment l'abolition du régime féodal dut
conduire la Constituante à toucher aux lois de
succession. L'abolition de ces deux droits était si
bien une conséquence de la destruction de la féodalité que plus tard, lors du grand débat sur le
principe de l'égalité des partages, nul ne vint les
défendre. Le parti aristocratique alors, comme
aujourd'hui encore, se borna à réclamer la liberté
de tester. D'autres suppressions durent suivre du
même principe, et quelques-unes de la plus haute
importance au point de vue du droit civil : par
exemple, l'abolition du *retrait féodal* ou censuel
et du *retrait lignager;* ces deux droits, qui consistaient dans la faculté de rachat à perpétuité
des terres vendues, étaient au nombre des servi-
tudes qui pesaient le plus sur la propriété. De plus,
les rentes féodales devenant rentes foncières et
les seigneurs étant changés en simples créanciers,
se trouvait rétabli par là même le droit de pres-
cription, que le régime féodal interdisait entre le
seigneur et le vassal ; de même la *saisie féodale*
était supprimée, et cédait la place à un simple
droit d'action civile contre un débiteur.

Ainsi trois sortes de droits étaient abolis sans

rachat : les droits honorifiques, les droits serviles
et les droits justiciers. Restaient les droits fon-
ciers, fiefs ou censives, présumés représentatifs
d'une concession de fonds; pour ceux-là, l'assemblée Constituante décrétait en premier lieu qu'ils ne
devaient être supprimés que contre rachat, et de
plus qu'ils devaient continuer à être acquittés jusqu'à rachat effectif. Toute sa théorie sur la propriété féodale se résume dans cette déclaration :
« L'assemblée Constituante a rempli, par l'abolition
du régime féodal, une des plus grandes missions
dont l'avait chargée la volonté souveraine de la
nation française ; mais ni la nation ni ses représentants n'ont eu la pensée d'enfreindre par là les
droits sacrés de la propriété. Aussi, en même
temps qu'elle a reconnu avec le plus grand éclat
qu'un homme n'a jamais pu devenir propriétaire
d'un autre homme, l'assemblée nationale a main-
tenu de la manière la plus précise tous les droits
et devoirs utiles auxquels des concessions de
fonds avaient donné l'être, et elle a seulement permis de les racheter. « Merlin le grand initiateur
et organisateur de tout ce système, le résumait en
ces mots significatifs : » Les fiefs ont cessé d'être,
et sont devenus de véritables alleux. »

L'œuvre de la Constituante avait donc été une
œuvre de haute et rigoureuse justice. Peut-être,
dans les qualifications de tel ou tel droit particulier, y avait-il lieu à débat ; mais le principe de
cette liquidation était juste et avait été accepté
par les intéressés dans la nuit du 5 août. Abolition

du système féodal, respect de la propriété particulière : tels étaient les deux principes de la réforme. Il pouvait y avoir eu des erreurs partielles,
l'œuvre en elle-même était inattaquable. Une société ne peut pas rester éternellement sous le joug
d'institutions qui ont perdu leur raison d'être. Les
lois de l'histoire ont leur prix, mais elles ne peuvent prévaloir à tout jamais contre les changements
nécessaires et les progrès naturels des sociétés
humaines.

Malheureusement la réforme équitable décrétée
par l'assemblée Constituante, avec les sages garan-
ties qui lui servaient de contre-poids, ne fut pas
exécutée. Les distinctions savantes, consacrées par
les jurisconsultes, furent trouvées subtiles par un
peuple exaspéré, exalté et trop enivré de sa force
pour se souvenir toujours de la justice. L'horreur
contre la féodalité était telle que l'on ne pouvait
croire qu'il y eût quelque chose de fondé dans ses
prétentions. Partout le peuple refusa de payer et
de racheter, et la législation révolutionnaire lui
donna raison. Il faut donc reconnaître que, partie
du sentiment de l'équité, la Révolution s'est laissé
entraîner à la confiscation.

Cependant, si c'est là une vérité qu'il est impossible de contester, certaines considérations peuvent
être mises en avant, je ne dis pas pour justifier,
mais pour atténuer les torts de la Révolution en
cette circonstance. Je ne parle pas des abus du pouvoir féodal, abus qui duraient depuis tant de siècles et qui avaient fini par irriter tellement les

peuples que ceux-ci étaient devenus incapables de
distinguer le juste et l'injuste en cette affaire ; mais
d'autres considérations peuvent encore être invoquées pour expliquer ces graves évènements.

L'assemblée Constituante partait de cette idée
que tout ce qui dans le régime féodal n'était ni
droit honorifique, ni droit servile, ni droit justicier,
devait être un droit foncier représentant une concession primitive de fonds. Or l'histoire nous apprend que tous les fiefs ou bénéfices n'ont pas
toujours été à l'origine des concessions gratuites
et libres, que beaucoup ont été des alleux transformés par la force des choses en fiefs. Qu'était
devenue l'ancienne propriété allodiale et libre ?
Elle avait été absorbée par le régime féodal dans
lequel il fallait absolument trouver place pour ob-
tenir sécurité et garantie : partout les petits alleux
avaient disparu. Sans doute, la protection obtenue
avait le droit de se faire payer ; mais, cette protection ayant cessé depuis longtemps, la rente devait
elle être éternelle ? Un alleu devait-il être tenu à
se racheter comme un fief ou une censive ? Dans
l'impossibilité où l'on était de remonter à l'origine
des concessions bénéficiaires, fallait-il les supposer partout comme la Constituante, ou nulle
part comme la Convention ? La propriété féodale
était d'une nature spéciale, aussi bien politique
que sociale. Il y avait là des complications qui
rendaient bien difficile toute solution, et tout au
moins est-il permis de dire que parmi les biens
qui furent ainsi affranchis d'un coup, un grand

P. JANET. — *Socialisme.*   2

nombre avaient subi plutôt que reçu la protection féodale.

Une seconde considération, c'est que le système féodal formait un tel enchevêtrement que presque tout le monde était à la fois seigneur et vassal. Tout le monde payait ou recevait des rentes féodales. Il s'ensuit que beaucoup de ceux qui étaient dépouillés comme seigneurs se retrouvaient libérés comme vassaux. Sauf les classes populaires, qui gagnaient sans perdre, et la couronne, dernier terme de l'arbre féodal, qui perdait sans rien gagner, tout le monde gagnait et perdait à la fois ; cela est si vrai que l'un des plans proposés au comité de féodalité, et que Merlin et Tronchet ont discuté très sérieusement, demandait précisément que la couronne accordât l'affranchissement aux grands vassaux, à la condition pour ceux-ci d'affranchir leurs propres vassaux et ainsi de suite jusqu'au bas de l'échelle. L'auteur de ce système disait « que le mieux est l'ennemi du bien. » Le mieux étant une liquidation de détail presque impossible, le bien était un affranchissement général sans distinction. Tronchet fit un rapport sur ce système et le fit rejeter comme consacrant trop d'inégalités ; mais il ne le considéra pas comme indigne de discussion, et ce fut en définitive celui que la force des choses a fait triompher.

En troisième lieu, l'abolition définitive des droits féodaux n'a été après tout que le dernier acte d'une révolution qui durait depuis des siècles, et qui tendait toujours à faire passer la propriété du

seigneur au vassal. Le premier acte en avait été
l'hérédité des bénéfices, consacrée par les traités
d'Andelot et de Quercy. A partir de ce moment, le
fief, au lieu d'être une concession provisoire et
aléatoire, était devenu une propriété. Sans doute,
cette hérédité des bénéfices avait été à l'origine
une usurpation sur l'autorité royale et sur le droit
des seigneurs ; mais c'était précisément cette usurpation qui avait constitué le régime féodal, et ceux-
là qui défendaient ce régime n'avaient guère le
droit de désavouer une usurpation qui était le
fondement de leur propre droit. Or le même droit
qui avait fait passer les terres de la condition via-
gère à l'état de propriété héréditaire pouvait évidemment transformer le fief en alleu, et c'est ce
qu'a fait la Révolution. En un mot, si la possession
de fait avait pu conquérir l'hérédité, la possession
héréditaire avait pu conquérir la propriété com-
plète.

Pour bien comprendre l'essence de cette révolution, il faut se rappeler que ce qui constituait
essentiellement la propriété féodale, c'était d'avoir
deux maîtres : le seigneur et le vassal. Ce serait sé
faire une idée très fausse de ce contrat que l'on
appelle contrat de fief que d'y voir une sorte de
fermage perpétuel. Le fermier n'est à aucun degré
et à aucun titre propriétaire du sol qu'il exploite ;
il ne l'est que de ses capitaux. Quant à la terre,
c'est un instrument qu'il utilise et dont il paie
l'usage. A la vérité, si on se représentait une ferme
louée à perpétuité et héréditaire, pouvant être li

brement aliénée par le fermier sans le consentement
du propriétaire, on aurait quelque chose d'analogue
à la propriété féodale, ou du moins censitaire;
mais il s'y joignait toujours une idée de dépendance
personnelle. D'ailleurs, là où il y aurait des fermes
perpétuelles, on verrait bientôt se reproduire le
même phénomène qu'a vu la féodalité. Le fermier
finirait par se considérer comme le vrai et seul pro-
aire, et avec le temps il finirait par exclure le
maître. C'est ce que nous apprend l'histoire de la
propriété féodale. On y distinguait deux domaines:
le domaine *direct* et le domaine *utile;* le premier
appartenait au seigneur, le second au vassal. A
l'origine, c'est le premier qui était le vrai propriétaire; mais peu à peu, dans la pratique et dans la
théorie, on voit le fief se transformer insensible-
ment. Du temps de Dumoulin, c'est encore une
servitude, *servitus quædam.* Au XVIIIᵉ siècle, c'est
devenu « une propriété successive et héréditaire ».
Le vassal jouit *jure suo, jure proprietatis et perpe-
tuo.* Telle était la théorie des juristes. Il est facile de
comprendre comment, franchissant une dernière
barrière, cette propriété partagée et encore dépen-
dante s'est déclarée la seule et vraie propriété.

Plus on étudie les faits, plus on se convainc de la
vérité de cette pensée de Tocqueville : « La Révolution n'a pas créé la petite propriété ; elle l'a li-
bérée. » L'opinion vulgaire consiste à se représenter
tous les citoyens avant 89 comme des serfs qui
seraient devenus tout à coup des hommes libres
et des propriétaires. Rien de semblable. Si les

Français eussent été des serfs en 1789, ils n'auraient pas fait de révolution. Il n'y a pas d'exemple dans le monde de révolutions opérées par les serfs ; c'est parce que les paysans étaient devenus propriétaires de fait qu'ils ne pouvaient plus supporter de maîtres. Comment croire que la terre qui a appartenu à mon père, qui appartiendra à mes enfants, que je nourris de mon travail, qui n'a jamais vu son maître, puisse être tenue de payer un droit à quelqu'un que je ne connais pas, en vertu d'une concession qui aurait eu lieu il y mille ans et dont on n'a jamais vu les titres ? Mais surtout, si l'on réfléchit que sur un bien féodal il y avait huit ou dix preneurs différents, on comprend l'irritation profonde qu'éprouvait le détenteur. Il se demandait, en rongeant le frein, « pourquoi chaque propriétaire d'un fonds, si borné qu'il fût, n'en avait pas toute la propriété, et s'il n'était pas possible de simplifier la possession, de façon qu'un seul héritage n'eût pas une multitude de maîtres qui semblaient se relayer pour affliger celui qui le cultivait [1]. »

Ajoutons une dernière considération. Nous avons vu que dans toute propriété féodale il y avait deux domaines : le domaine direct et le domaine utile. Le premier se nommait simplement la *directe*. Les théoriciens du droit féodal avaient fini par poser en principe que tout domaine devait avoir

---

[1] Boncerf, *Essai sur les droits féodaux.* Boncerf, ami de Turgot, nous dit qu'il y avait dix droits différents sur une même terre.

une directe ; de là cet axiome : « pas de terre sans seigneur. » Tous les vassaux, à quelque degré qu'ils fussent placés, devaient donc finir par relever tous d'un seul maître, à savoir le roi. C'était la théorie de la directe universelle, que les jurisconsultes, plus ou moins imbus des idées romaines, avaient fait prévaloir, de manière à tirer du système féodal lui-même la consécration du pouvoir monarchique. C'était là sans doute une fiction ; mais tout était fiction dans le droit féodal. Ce droit s'était formé peu à peu et par une série d'usurpations dans un temps où il n'y avait ni pouvoirs publics, ni lois écrites, ni aucun principe juridique. Ce régime une fois formé, les juristes avaient cherché à lui donner un état légal, et ils avaient fini par régulariser et soumettre à une sorte de droit ce qui n'avait été que le résultat du hasard des faits. Ce ne pouvait être qu'à l'aide de fictions ; mais ces fictions elles-mêmes étaient devenues des faits : elles servaient de règles à la vie civile et quotidienne de la féodalité. Quand le système politique avait changé, il avait fallu accommoder le régime des fiefs au nouveau système. De là la théorie de la directe universelle, laquelle même n'était pas historiquement tout à fait fausse, puisqu'à l'origine le roi barbare s'était cru le légitime propriétaire de tout le pays conquis, et que c'était lui qui, par des distributions de terres, avait jeté les premières bases du régime féodal. Or, cette théorie une fois admise, on pouvait se demander si le souverain, en renonçant lui-même à sa directe universelle, n'était pas autorisé à sup-

primer.par là même toutes les directes, ne laissant
subsister partout que le domaine utile. La rançon
de ce droit extrême était l'affranchissement absolu
de la terre. La Convention, usant du droit de
Louis XIV, n'en usait qu'une dernière fois pour l'a-
bolir, car en supprimant toutes les directes, elle
supprimait la sienne propre. L'abus était monarchique et était conforme à la théorie monarchique;
mais cet abus se détruisait lui-même et ne servait
qu'à établir un régime de liberté. S'il y avait là du
socialisme, il venait de la tradition monarchique;
mais en invoquant le droit du socialisme monarchique, la Convention coupait court à tout socialisme en établissant à jamais la propriété franche
de toute espèce de droit.

C'est ce que n'ont pas compris les apologistes
peu éclairés de la Convention. Ils n'ont pas vu que
ce qu'elle a eu de socialiste lui est venu de l'ancien
régime monarchique et des vieilles traditions romaines. Comme Tocqueville l'a déjà dit, le maximum, la loi des suspects, le papier-monnaie, tout
ce qu'on appelle les lois révolutionnaires, étaient
les opérations habituelles de l'ancien régime. La
Révolution s'en est servie, mais elle ne les a pas
établies. De même, pourrait-on dire, la Convention
a détruit la féodalité sociale par les mêmes principes et les mêmes moyens que la royauté avait
employés pour détruire la féodalité politique, c'est-
à-dire au nom de la souveraineté de l'État, seul
propriétaire, suivant Louis XIV, comme il était le
seul souverain.

Néanmoins, quelque raison que l'on puisse donner pour atténuer et expliquer les mesures de la Révolution à l'égard de la féodalité, il n'en est pas moins vrai qu'il eût été plus équitable et d'une politique plus sage de transiger que de confisquer. Si l'on eût pu racheter les droits féodaux, moitié par les particuliers, moitié par les communes ou par l'État, en supposant qu'une telle opération financière eût été possible, la Révolution eût peut-être suivi un autre cours. Les seigneurs, au lieu de perdre à la Révolution, y eussent peut-être gagné; et ils y eussent été attachés par leurs avantages mêmes; car il ne faut pas oublier que, pour beaucoup de causes, la noblesse, aussi bien que le clergé, avait aussi des raisons de désirer la Révolution.

Malheureusement d'aussi grandes opérations, pour être accomplies d'une manière paisible et régulière, demandent des institutions puissantes, vivaces, respectées. L'abolition du servage en Russie est le modèle d'une grande révolution sociale accomplie sans désordre; mais il y avait là une autorité solidement établie et unanimement acceptée. De même en France, le gouvernement de Louis XIV (si les idées de ce temps l'eussent permis ou exigé) eût été seul capable de mener à bout une aussi vaste liquidation que celle de la propriété féodale; et si cette opération a eu lieu en Angleterre de nos jours [1], c'est encore par la même raison : c'est qu'il y avait de fortes institutions et

---

[1] Sur cette opération compliquée, voyez Henri Doniol, *la Révolution française et la féodalité*, l. III, p. 205 et suiv.

un régime légal bien défini. Mais dans une crise
où tout était à refaire, comment se serait-il trouvé
assez de calme, assez de patience, assez de pré-
voyance, pour donner le pas à la raison sur la
passion, pour faire transiger des préventions exas-
pérées, pour comprendre qu'il y avait une partie
de droit dans la vieille injustice féodale, et que
même sans droit, la possession de fait est encore
quelque chose de respectable ! Il est bien à regretter sans doute que des raisons si sages n'aient pas
pu être comprises, et que le peuple de 1789 n'ait
pas eu l'expérience des vieux politiques. Malheureusement il est des temps où les difficultés ne
peuvent plus être dénouées, et ne peuvent plus
être que tranchées; et c'est précisément ce qu'on
appelle des révolutions.

Quoi qu'il en soit des mesures qui ont amené
l'état de choses où nous vivons, ce qui ne peut être
douteux pour personne, c'est la supériorité de l'état
actuel sur l'état passé. Il faut avoir devant les yeux
l'artificiel et gothique échafaudage de ces droits
féodaux entés les uns sur les autres, cette hiérarchie de propriétaires enchaînés et étagés, pour bien
comprendre la portée et les bienfaits de cet article
de notre code civil, qui n'a l'air de rien, et qui est
le produit le plus net de la révolution française :
« Les particuliers ont la libre disposition des biens
qui leur appartiennent. » Une révolution dont la
principale conquête a été la libre propriété n'a rien
à craindre des entreprises soi-disant avancées et au
fond absolument rétrogrades contre la propriété.

II

La Révolution ne s'est pas contentée de toucher aux revenus des propriétaires par l'abolition des droits féodaux ; elle s'est approprié les fonds par la confiscation des biens d'émigrés et par l'aliénation des biens ecclésiastiques. Ces deux mesures sont d'une nature très différente, et nous n'avons à insister que sur la seconde, qui seule se rattache à la question de la propriété. En effet, la confiscation était une loi de l'ancien régime : c'était un droit qui appartenait au souverain. Elle a été abolie plus tard sous l'influence même des principes généraux de la Révolution ; mais, dans les premiers temps, elle a été pour la Révolution une arme de guerre. C'est une mesure de combat qui ne constitue pas un principe, et que nous n'avons pas par conséquent à apprécier. D'ailleurs la question des émigrés a été liquidée par l'indemnité du milliard. La confiscation de leurs biens n'est donc plus qu'un incident historique, et non un acte de révolution sociale. Il n'en est pas de même de la vente des biens du clergé. La Révolution a eu dans cette question une véritable théorie, cette théorie a consacré un changement dont les conséquences durent encore, à savoir la transformation d'un clergé propriétaire en un clergé salarié. Quelle a été cette théorie? C'est ce que nous avons à étudier.

N'oublions pas que primitivement la vente des biens ecclésiastiques n'a été qu'une mesure financière. L'origine de la Révolution était le déficit. « La banqueroute est à nos portes », disait Mirabeau. Pour payer les créanciers du trésor, l'assemblée Constituante imagina d'aliéner ou de transformer la propriété ecclésiastique. Nous n'avons pas à apprécier la valeur financière de cette opération, sur laquelle nous sommes incompétent; mais cette question d'utilité publique soulevait en même temps une question de droit : nul ne peut vendre la chose d'autrui. Si les biens du clergé lui appartenaient en propre, comment l'État aurait-il pu les vendre, même avec indemnité pour les bénéficiaires, même en transformant une propriété de fonds en un salaire perpétuel? Ainsi la question de propriété était engagée dans le débat, et ce qui rendait ce débat plus compliqué, c'est qu'il s'agissait ici non pas d'individus, mais de corporations. Jusqu'à quel point, dans quelle mesure la propriété corporative est-elle légitime ? Tel était le débat engagé. Il l'avait été déjà, on le sait, à l'époque de la réformation, lors de la sécularisation des biens ecclésiastiques. La Révolution, comme la réforme, dut rencontrer ce problème : elle le trancha sans hésiter. Il n'y a plus aujourd'hui à revenir sur les résultats ; mais il est du plus haut intérêt d'étudier les raisons invoquées de part et d'autre pour bien comprendre la philosophie de la question.

On ne saurait négliger, en abordant cette étude, de relire un écrit de Turgot, publié dans l'Encyclopédie, et qui eut l'influence la plus décisive sur la résolution de l'assemblée Constituante : c'est l'article Fondations. On sait de quelle autorité jouissait Turgot parmi les membres de la Constituante. Il avait essayé de faire la révolution pacifiquement ; il avait échoué. C'étaient ses idées qui avaient triomphé dans l'établissement du nouveau régime industriel, dans l'abolition du régime féodal[1] ; ce sont encore ses idées qui triomphèrent dans la question ecclésiastique. Ce n'est donc pas Mirabeau, ce n'est pas Talleyrand qui ont frappé la propriété ecclésiastique ; c'est le sage Turgot, l'apôtre de la liberté, de la tolérance, du droit de propriété. Il n'hésitait pas à refuser ce droit aux corporations : « Les citoyens, disait-il, ont des droits sacrés » que la société doit respecter parce qu'ils existent « indépendamment d'elle, » et qu'ils en sont « les éléments nécessaires ». Mais « les corps n'existent pas par eux-mêmes ni pour eux ; » ils n'existent que « pour la société », et ils doivent cesser d'exister « lorsqu'ils ont cessé d'être utiles». Turgot ne se laissait pas troubler davantage par ce que l'on appelle « l'intention des fondateurs ».

---

[1] On sait que Boncerf était un ami de Turgot et exprimait les idées de celui-ci dans son livre sur *les Droits féodaux*, brûlé par le Parlement de Paris.

Il niait que « des particuliers ignorants et bornés » eussent le droit « d'enchaîner à jamais à leurs volontés capricieuses les générations qui n'existaient pas encore ». Il remarquait que le temps peut rendre une fondation inutile et même nuisible. « Les guerres de Palestine ont donné naissance à des fondations qui n'ont plus de raison d'être. L'Europe est couverte de maladreries, et il n'y a plus de lèpre. » De plus, le « zèle ne se communique pas de siècle en siècle ». Il arrive même que certaines fondations disparaissent avec le temps par suite de la diminution de l'argent : il n'y aurait pas encore trop de mal si la fondation n'était que supprimée; mais « on diminuera les lits des malades et on se contentera de pourvoir à l'entretien des chapelains ». Enfin il concluait cette savante et profonde discussion par cette phrase magnifique, que Mirabeau a citée dans son fameux discours sur les biens du clergé en octobre 1789 : « Si tous les hommes qui ont vécu avaient eu un tombeau, il aurait bien fallu, pour trouver des terres à cultiver, renverser ces monuments stériles et remuer la cendre des morts pour nourrir les vivants. »

Ce fut le 10 octobre 1789 que l'évêque d'Autun, Talleyrand, fit son rapport sur la propriété ecclésiastique. Ce discours, tout politique, est bien plus consacré à démontrer l'utilité et l'opportunité de la mesure qu'à en prouver la justice. Il commençait par établir que « les grandes nécessités exigent de grands moyens ». Il s'adressait au dévouement du clergé, qui avait déjà consenti avec générosité à

l'abandon des dîmes. L'abolition des dîmes avait
elle-même pour conséquence une vaste opération
sur les fonds, car il fallait compenser la perte des
dîmes par les revenus des biens-fonds. Maintenant
l'État a-t-il le droit de toucher au fonds ? Ici Talleyrand faisait certaines distinctions qu'il faut avoir
devant les yeux pour bien comprendre cette question complexe. Il y a trois cas distincts : les biens
des communautés (couvents, confréries, etc.,) —
les fondations devenues sans objet, — et enfin les
bénéfices consacrés au soulagement des pauvres et
à l'entretien du culte. Sur le premier point, Talleyrand soutenait que, sans avoir le droit de détruire
le clergé, la nation peut supprimer certaines agré-
gations particulières ; or, disait-il un peu hardiment, » ce droit sur leur existence entraîne un
droit sur leurs biens ». Sur le second point, il
affirmait comme évident, ainsi que l'avait fait Turgot, que la nation a le droit de supprimer les bénéfices sans fonction et de faire tourner au profit de
l'intérêt public le produit des biens vacants. Enfin,
sur le troisième point, le plus délicat et le plus
essentiel, il disait que dans tous les actes de donation la part des bénéficiaires n'est jamais désignée
que par ces termes : « ce qui est nécessaire à une
honnête subsistance ». L'État, en assurant l'honnête subsistance des bénéficiaires, ne leur porte
donc aucun préjudice. Restent l'intérêt des pauvres et l'intérêt du culte; mais, si la nation s'en
charge, elle aura le droit de toucher aux fonds,
«au moins en cas de calamité générale », et Tal-

leyrand affirmait, ce qui n'était guère douteux, que l'on se trouvait en tel cas. En conséquence, il proposait de s'approprier les biens de communautés en assurant à chaque religieux les moyens de sub- sistance ; en second lieu, de s'attribuer les revenus des bénéfices sans fonction ; enfin de mettre la main sur le reste des fonds, en assurant d'une part une subsistance honnête aux bénéficiers, et de l'autre en se chargeant du soin des pauvres et de l'entretien du culte.

Quelle était la valeur économique de ce système ? Avait-il l'efficacité financière que se proposaient ses auteurs ? Des juges habiles et très compétents, M. de Lavergne, par exemple, en ont douté. Au point de vue politique, des doutes plus graves en- core se sont élevés. En s'imposant le salaire du clergé, a-t-on dit, la nation ne s'est-elle pas im- posé pour l'avenir de grands embarras ? N'a-t-elle pas créé par là un entrelacement des affaires ecclé- siastiques et des affaires politiques qu'il sera bien difficile de débrouiller ? En croyant fonder un clergé national et libéral, n'a-t-on pas créé préci- sément un clergé ultramontain ? N'aurait-il pas été plus sage et en définitive plus favorable à la cause de la Révolution d'opérer dès lors la séparation de l'Église et de l'État, en laissant au clergé tout ou partie de ses propriétés ? Ne l'aurait-on pas par là attaché aux nouvelles institutions, au lieu d'en faire un implacable ennemi ? Ces doutes sont cer- tainement légitimes ; cependant n'est-il pas arbi- traire de supposer que le clergé, s'il fût resté propriétaire libre, ne serait pas devenu ultramontain et se fût rallié à la cause de la Révolution ? Le seul fait de la sécularisation de l'État suffisait pour rendre le clergé hostile, lors même que l'on n'eût touché en rien, ce qui était impossible, à ses privilèges. La question revient donc toujours : lequel est le plus redoutable pour l'État, d'un clergé propriétaire ou d'un clergé salarié ? Or je ne crois pas qu'aucun esprit vraiment politique puisse hésiter sur ce point. Mais laissons de côté la question politique pour revenir à la question sociale, celle du droit de propriété. Cette question fut abordée et traitée avec une grande force de pensée et de logique par Thouret, Tronchet, Mirabeau, d'une part, et de l'autre part Malouet et l'abbé Maury. Résumons cette mémorable discussion.

Thouret s'attacha surtout dans son discours à développer la pensée de Turgot. Il soutenait que la propriété doit être individuelle et non collective. Les individus, disait-il, existent avant la loi ; les corps n'existent que par la loi. Là était le nœud de la question. Est-il vrai que les corporations n'existent que par la loi ? L'expression est sans doute excessive ; mais ce qui paraît évident, c'est qu'une corporation qui serait absolument indépendante de l'État deviendrait elle-même une sorte d'état ; or il ne peut y avoir deux états l'un dans l'autre. Ainsi, sans soutenir que les corps n'existent que par la loi, on peut soutenir qu'ils n'existent que sous la surveillance de la loi. Thouret, avec les autres jurisconsultes de la Constituante, allait très loin

dans ce sens : « La destruction d'un corps, disait-il,
n'est pas un homicide. » Il dénonçait les maux qui
résultent de la propriété de mainmorte, qui, une
fois enlevée à la circulation, n'y rentre plus. « Il
faut, disait-il, des propriétaires réels, » et les communautés ne sont que des propriétaires « factices »,
toujours « mineurs », et ne pouvant toucher qu'à
l'usufruit. Ils sont « les ennemis des biens fonds ».

Ce discours posait vigoureusement la question,
mais sans développement : du moins il nous a été
transmis très abrégé. C'est à Mirabeau qu'il était
réservé d'exposer la question sous toutes ses faces,
avec une abondance de raisons et d'arguments d'un
intérêt puissant, mais souvent sophistiques. Il fit
sur ce sujet deux discours dont le second ne
fut pas prononcé; nous les possédons tous les
deux. Dans le premier de ces discours, Mirabeau
distinguait trois espèces de fondations : celles qui
avaient été créées par les rois, celles qui étaient
l'ouvrage des corps, et enfin celles des simples particuliers. Pour les premières, elles n'ont dû être
faites qu'au nom de la nation : les rois ne sont que
les organes des peuples, et les peuples sont les
héritiers des rois. Il est évident que ces dotations
royales ne pouvaient avoir pour but qu'un service
public, car les rois n'avaient pas le droit d'aliéner
le territoire dans un intérêt purement privé; même
ces aliénations n'ont jamais pu être absolues, le
domaine étant essentiellement inaliénable: puisque
la nation peut reprendre les domaines de la couronne, pourquoi ne reprendrait-elle pas ceux du

clergé? Voilà donc une première classe de fondations où le droit de l'État ne fait pas question;
or, suivant Mirabeau, c'étaient les plus nom-
breuses. Quant à la seconde classe, à savoir celles
qui ont été fondées par les corps, Mirabeau présentait un argument spécieux et assez hasardé.
Il prétendait que, la dépense du culte et la bienfaisance publique étant le droit et le devoir de
l'État, les corps qui avaient créé des fondations
n'avaient fait autre chose que payer leur portion
de la dépense commune, et « acquitter leur con-
tingent d'une dette nationale ». Leur piété avait
« devancé » l'œuvre de la nation, mais n'avait pu
priver celle-ci de son droit ; par ces raisons Mirabeau concluait que l'État pouvait sans scrupule
s'approprier ces sortes de fondations. Restaient
celles des particuliers : ici la question était bien
plus délicate, et Mirabeau n'arrivait à son but qu'à
l'aide de principes, rejetés aujourd'hui par tous
les esprits libéraux, et que l'on appellerait socialistes, si ces principes n'avaient été ceux de l'ancien régime tout entier, ceux de la royauté et des
juristes, à savoir que c'est l'État qui fonde seul la
propriété. Qu'est-ce que le droit de propriété ?
disait Mirabeau, « c'est ce droit que tous ont donné
à un seul de posséder exclusivement une chose à
laquelle tous, dans l'état naturel, avaient un droit
égal : c'est un bien acquis en vertu des lois. » Il
insistait en disant: « C'est la loi seule qui constitue
la propriété. Il n'y a que la volonté publique qui
puisse opérer la renonciation de tous et donner

un titre connu, un garant à la puissance d'un seul. »

En dehors de la loi, il n'y a donc qu'une possession physique, matérielle ; mais il n'y a pas de propriété civile. Or il n'existe pas de loi qui ait constitué le clergé propriétaire. De là deux conséquences : la première, c'est que les fondateurs des donations ont dû prévoir la possibilité d'une destruction du clergé comme corps ; la seconde, que le clergé a dû lui-même prévoir cette possibilité. Ils n'ont donc pu, les uns donner, les autres recevoir, que sous la réserve d'une reprise possible par la nation. Si l'on n'admettait pas ces principes, les décrets sur les privilèges et les droits féodaux seraient infirmés, disait Mirabeau, car c'étaient des propriétés au même titre que les fondations. C'était là, à ce qu'il nous semble, aller beaucoup trop loin et confondre des questions distinctes. En abolissant les droits féodaux, au contraire, les jurisconsultes avaient essayé de faire une distinction nette entre ce qui était propriété et ce qui ne l'était pas ; ils ne s'étaient pas appuyés sur ce principe abstrait et glissant, à savoir que la propriété civile n'existe que par la loi : ils avaient simplement nié que les droits représentatifs de la souveraineté ou de la servitude fussent des propriétés. Ce n'était donc pas appliquer les mêmes principes que de partir du droit absolu de l'État, qui serait par là autorisé à réviser et par suite à supprimer toute propriété quelle qu'elle fût. Mirabeau se rapprochait de la question en disant que l'État avait le droit de reconnaître le clergé comme corps ou comme ordre, quoiqu'ici encore on puisse dire que ces deux conceptions ne sont pas identiques, car les ordres ont rapport à l'organisation politique, les corps à l'organisation sociale. Enfin, arrivant au vrai nœud du problème, il disait que le clergé, bien loin d'être propriétaire, n'était pas même usufruitier, car il ne pouvait pas consommer les fruits. Il n'était que « dispensateur. »

On remarquera dans la dernière partie de ce discours combien la Révolution était encore loin de se rendre compte de son vrai principe en matière de religion, à savoir le principe de la sécularisation de l'État. Mirabeau s'appuyait au contraire sur la confusion des puissances. Il substituait l'État à l'Église, au lieu de distinguer l'un de l'autre. L'État ayant, disait-il, la nomination des bénéfices, comment contester son droit de propriété? Il prétendait que les églises et les autels appartenaient à l'État au même titre que les vaisseaux et les casernes. Jamais l'armée ne s'est partagé les territoires conquis. Il ajoutait que « les pauvres eux-mêmes appartenaient à l'État », et, remarquant que toutes les classes de la société fournissaient des membres au sacerdoce, il concluait que ce qui appartenait au clergé, appartenait à tous. Il invoquait encore un argument passablement sophistique en disant que, si le clergé n'avait pas de revenus, l'État serait obligé d'y suppléer : « Or un bien qui ne nous sert qu'à payer nos dettes est à nous. » En conséquence, toute nation est seule et véritable propriétaire des biens de son clergé.

Cette proposition, qui servait de conclusion au premier discours, est le début du second, celui que Mirabeau n'a pas prononcé. Mais il y abordait bientôt un point nouveau et délicat qui n'avait pas encore été touché : que faire de ces biens enlevés au clergé ? à qui appartiennent-ils réellement ? à qui doivent-ils revenir ? C'était là le nœud de la question, car, de ce que tel bien n'est pas à vous, s'ensuit-il qu'il soit à moi ? L'État prétendait que les biens en question n'appartenant pas au clergé, devaient lui appartenir à lui-même. Une telle conclusion n'était pas contenue dans les prémisses. Il fallait la démontrer : c'est ce que Mirabeau essaie de faire dans son second discours. Il semble d'abord que les biens devaient revenir aux fondateurs: ce n'est qu'à défaut de ceux-ci que l'État peut les réclamer comme héritage vacant ; mais Mirabeau affirmait que ces biens avaient été donnés à titre irrévocable, sans clause de réversibilité. Ils ont été affectés à un service, c'est à ce service qu'ils appartiennent, et par conséquent à ceux qui ont la charge de ce service, c'est-à-dire à la nation. Dira-t-on que ces biens, cessant d'appartenir au clergé comme corps, doivent revenir aux individus qui composent ce corps ? Ce serait une grave erreur ; jamais les individus ecclésiastiques n'ont été, à titre d'individu, propriétaires des biens qu'ils administraient; c'est le corps abstrait du clergé et non la collection des individus qui avait

3.

la jouissance, c'est cette personne abstraite qui ne
peut exister que par la loi, et qui peut être détruite
par elle. Or, une fois cette personne détruite, les
individus qui la composaient ne peuvent en hériter,
car ce n'est pas à eux que la donation a été faite.
Les biens, ne pouvant aller ni aux fondateurs ni
aux membres individuels du clergé, ne peuvent que
faire retour à l'État, seul en mesure de se substituer
à la personnalité morale du clergé pour satisfaire
au service que les fondations avaient pour but
d'assurer, à savoir l'éducation, l'assistance des
pauvres et l'entretien du culte.

Nous venons d'analyser les principaux discours
prononcés dans l'assemblée Constituante en faveur
de l'aliénation des biens du clergé; résumons maintenant les discours contraires. Les principaux orateurs en ce sens furent Malouet et l'abbé Maury.
Ces discours sont la contrepartie des précédents.
Le discours de Malouet a la même gravité, la même
solidité que celui de Thouret, les discours de l'abbé
Maury paraissent presque aussi pressants, presque
aussi habiles que ceux de Mirabeau, et souvent
aussi, comme ceux-ci, ils ont un côté sophistique.

Malouet se place à un point de vue nouveau. Il
ne s'agit pas pour lui de propriété, mais de « possession ». Dans le fait, la propriété ecclésiastique
appartient collectivement au culte et aux pauvres ;
mais ce qui appartient au bénéficiaire, c'est la
possession. Le clergé ne réclame pas le droit d'a-
liéner ; mais le droit de disposer est aussi une propriété. On invoque pour prouver le droit de l'État

l'édit de 1749 qui restreignait les fondations ecclésiastiques ; mais « l'incapacité d'acquérir n'est pas
celle de posséder ». On fait valoir la destruction
du clergé, comme ordre politique ; mais les dotations n'ont pas été faites au clergé comme ordre
politique ; elles sont pour la plupart des dotations
distinctes pour certains services déterminés ; or
ces services n'ont pas disparu, et c'est aux ministres
du culte que les fondateurs ont voulu en confier le
soin. On invoque des arguments contradictoires :
tantôt on dit que le clergé comme corps n'a pas
le droit de posséder ; tantôt qu'il ne doit plus posséder parce qu'il n'est plus un corps. La possession
est un fait ; à ce titre elle est sous la sauvegarde de
la nation, comme les autres propriétés. Dans un
mouvement de touchante éloquence, Malouet demandait s'il était généreux, après avoir adjuré au
nom du Dieu de paix les membres du clergé à se réunir au Tiers-État, de les renvoyer dépouillés de leurs
biens par un décret auquel ils n'auraient pas consenti. Il ajoutait que l'opération proposée dépassait
les pouvoirs de l'assemblée nationale et qu'il ne
croyait pas qu'une telle mesure fût approuvée par
la majorité des citoyens. Il ne se refusait pas à
quelques mesures nécessaires : dédoubler les riches
bénéfices accumulés sur une seule tête, supprimer
les abbayes à mesure des vacances, réduire le
nombre des évêchés, des monastères, etc. ; mais
l'aliénation générale lui paraissait à la fois injuste
et inutile.

   L'abbé Maury, comme Malouet, invoquait contre

la mesure proposée le silence des cahiers. On sait
que les États-Généraux avaient été nommés sous
l'empire du mandat impératif. Or dans aucun cahier on n'avait demandé ni prévu la vente des
biens ecclésiastiques. Maury avouait cependant que
« des besoins imprévus ont pu exiger un regard
momentané sur le trésor public » ; singulière asser-
tion, on l'avouera, car on sait assez que c'était le
déficit des finances qui avait contraint le gouvernement à convoquer la nation. Passant à la question
en elle-même, l'orateur de la droite trouvait qu'il
y avait un défaut de logique à trancher l'existence
politique du clergé avant d'avoir décidé la religion
de l'État ; c'était en outre, disait encore Maury,
une contradiction de présenter la dette de l'État
comme une propriété sacrée, et en même temps de
sacrifier la propriété du clergé. Au fond, que veut-
on ? Remplacer les capitalistes par les bénéficiers,
et réciproquement. En quoi l'intérêt des uns est-il
supérieur à l'intérêt des autres ? ¡Que l'on n'oublie
pas les services rendus par les religieux, par l'É-
glise. Est-il juste, est-il rationnel de décider de
l'existence d'un corps par une loi de finance ?

Il y avait beaucoup de vérité dans quelques-unes
de ces observations ; mais l'esprit faux de l'abbé
Maury l'entraînait bientôt hors du bon sens et de
l'intérêt même de sa cause, car au lieu de défendre
les clients dont il était l'interprète légitime, il s'avi-
sait de récriminer contre les créanciers de l'État,
qui rendaient une telle opération nécessaire. Il dé-
clamait contre la bourse et contre les juifs. Il se

plaignait que « pour enrichir des spéculateurs »
(c'est ainsi qu'il appelait l'acte de payer ses dettes)
on dépouillât le clergé de ses biens héréditaires.
Ces plaintes contre les spéculateurs allaient jusqu'à des invectives, où l'on croirait entendre la
voix des démagogues de 93. Il dénonçait ce qu'il
appelait « le portefeuille », d'où, disait-il, « dé-
gouttent les sueurs, les larmes et le sang du peuple ».
Persistant à faire porter le débat sur cette comparaison imprudente entre les créanciers et le clergé, il disait : « Choisissez entre ces sangsues et nous. » Il
dénonçait le crédit public comme « une vaste calamité et le plus terrible fléau. » En entendant de
telles erreurs, de telles déclamations de la part des
classes dites les plus éclairées de la société, comment s'étonner que les révolutionnaires, organes
pes passions populaires, aient commis tant de mons-
truosités économiques ? On voit aussi que les accusations vagues, les soupçons contre la richesse et
le capital ne sont pas venus toujours ni d'abord
du côté gauche. Enfin, ce qui témoigne de la confusion des idées à cette époque, c'est que le triste
Marat, dans son journal *l'Ami du peuple*, soutenait le même thème que l'abbé Maury, et comme
lui accusait l'assemblée, en prenant les biens du
clergé, de ravir le bien des pauvres.

Maury était plus heureusement inspiré lorsqu'il
essayait de montrer la connexion de toutes les propriétés. « Les nôtres, disait-il éloquemment, garan-
tissent les vôtres ; nous sommes attaqués aujour-
d'hui, vous le serez demain. » Pour prouver le

droit de propriété du clergé, il disait que « le clergé n'avait usurpé la possession de personne ». Ces biens sont à nous « parce que nous les avons acquis ou qu'on nous les a donnés ». L'édit même de 1749 que l'on invoque, et qui interdissait de nouvelles acquisitions, avait consacré par là même celles qui avaient été faites antérieurement. Ces biens n'ont pas été donnés au clergé en général, mais à telle église, à telle abbaye. Ils n'ont pas été donnés par la nation, il n'y a pas de raison pour qu'ils reviennent à la nation. D'ailleurs comment pourrait-on remonter à cette institution primitive ? Ne serait-ce pas encourager « toutes les insurrections de la loi agraire ? » Invoquant le même principe et l'appliquant à toutes les propriétés, le peuple demandera à entrer en partage de tous les biens. « Il dira aussi qu'il est la nation. » Les rois n'ont pas donné la vingtième partie de ces biens ; mais eussent-ils tout donné, ils ont donné « à titre irrévocable ». Les bénéfices militaires seraient aussi menacés que les bénéfices ecclésiastiques, et les biens de la noblesse n'auraient pas plus de sécurité que ceux du clergé. Un seigneur de village pourrait-il payer ses dettes avec le produit de la cure dotée par lui ? D'ailleurs, suivant Maury, l'opération financière est chimérique : l'administration absorbe les revenus : on l'a bien vu lors de la suppression des jésuites. Maury combattait encore l'idée d'un salaire ecclésiastique, qu'il considérait comme « avilissant ». Il prétendait que l'avidité mettrait ces fonctions au « rabais », prédiction que

là suite n'a nullement réalisée. Il donnait une singulière raison en faveur de la charité par le clergé,
c'est que l'aumône rend le peuple docile : « Comment le contenir, demandait-il, si l'on n'a pas la
faculté de l'assister ? » La charité ecclésiastique
tient lieu d'un impôt immense ; elle est une garantie contre le brigandage : « Qui osera voyager dans
les campagnes, si l'aumône ne forme pas une sorte
d'assurance patriotique ? » Enfin, développant le
mot célèbre de Sieyès : « Ils veulent être libres et
ne savent pas être justes », Maury terminait en disant : « Vous voulez être libres ; or sans propriété
point de liberté. La liberté même n'est que la première des propriétés. »

Ce premier discours de l'abbé Maury, plus spécieux que solide, rempli d'idées fausses et bizarres,
mettait cependant le doigt sur l'un des points vifs
du problème : pouvait-on toucher à la propriété
du clergé sans ébranler le principe de la propriété
en général ? Mais l'orateur ne voyait pas ou ne
voulait pas voir que la question était plus resserrée,
et qu'il s'agissait précisément de savoir si les biens
du clergé étaient une propriété. Il ne touchait
même pas au point délicat, à savoir si une abstraction peut posséder, si le clergé est un propriétaire
réel. Thouret, nous l'avons vu, porta le débat sur
ce terrain, et ce fut pour lui répondre que Maury
prononça son second discours.

Suivant Maury, la distinction entre les individus
et les corps est une inutilité. L'individu serait, dit-
on, antérieur à la loi et existerait par lui-même,

tandis que les corps n'existent que par la loi.
C'est là une chimère ; le droit de propriété, pour
les individus aussi bien que pour les corps, n'existe
que par la loi : concession grave qui n'esquivait
la thèse de Thouret que pour tomber dans celle
de Mirabeau, car, si la loi a fait la propriété, elle
peut la défaire, et ce que l'on demandait précisément, c'était de faire une loi nouvelle qui eût abrogé
la loi antérieure. On avait dit que détruire un
corps n'est pas un homicide ; Maury répond que
l'existence est la vie morale des corps : la leur
ôter, c'est être homicide. La propriété du clergé
est antérieure à la royauté elle-même. « Nous pos-
sédions nos biens avant Clovis. » Les formalités
auxquelles cette propriété est assujettie ne prouvent
rien contre elle, car toutes les propriétés, quelles
qu'elles soient, subissent des formalités semblables.
Quel droit invoquera-t-on contre nous ? Est-ce le
droit d'épaves, ou le droit de confiscation ? On a
consacré la propriété des fiefs : et cependant ce
sont aussi à l'origine les donations des rois.

D'autres orateurs prirent encore part au débat ;
Barnave, Chapelier, Dupont de Nemours, Montlosier. Ce sont toujours à peu près les mêmes arguments : quelques-uns cependant sont à remarquer.
Montlosier, par exemple, soutenait que les vrais
propriétaires n'étaient ni le clergé ni l'État, mais
« les institutions auxquelles les biens avaient été
donnés » : Il reconnaissait que l'État a le droit de
disposer de ces biens, non par droit de propriété,
mais par droit de souveraineté. Un membre du

clergé, l'abbé Dillon, parlant contre son ordre, disait : « Il ne faut pas considérer si nous sommes propriétaires, mais que notre devoir serait de renoncer à cette propriété quand même elle serait établie. » Un autre membre du clergé affirmait que « l'acte fondamental du propriétaire, c'est la possession », et faisait observer que le clergé avait toujours été appelé dans toutes les assemblées nationales à titre de propriétaire. Barnave, Chapelier, Tronchet, montraient que les traits caractéristiques du propriétaire, à savoir le droit d'aliéner, le droit d'user et d'abuser, le droit de consommer les fruits, faisaient ici défaut. « Comment serait-il propriétaire, n'étant pas même usufruitier ? » L'abbé Grégoire, ouvrant un avis mixte, et soutenant que la propriété de ces biens n'appartient pas plus à l'État qu'au clergé, demandait que les biens revinssent aux familles des donateurs ou aux provinces. Enfin un député inconnu, Chasset, donnait un argument naïf et inattendu, qui était néanmoins le vrai mot de la situation : « Les biens du clergé, disait-il, appartiennent aux pauvres. Or l'État est pauvre, donc ils appartiennent à l'État. »

Telle fut cette discussion mémorable, l'une des plus savantes et des plus profondes qui aient été consacrées à cette question si souvent controversée. Il faut reconnaître que dans cette circonstance, comme dans la plupart des affaires humaines, les raisons philosophiques ont été peu de chose dans la décision : l'intérêt politique et la force des partis ont fait pencher la balance. Cependant, pour le

philosophe qui étudie les choses, non pas au point
de vue de l'histoire et des faits, mais au point de
vue du droit et de la justice, rien de plus intéressant
que ce plaidoyer des esprits les plus éclairés dans
le siècle le plus éclairé qu'on ait jamais vu. Jamais
l'esprit humain n'avait creusé avec autant de force
et de hardiesse jusqu'aux racines des institutions
humaines; jamais une société n'avait aussi large-
ment exploré le domaine du droit et de la justice.
On trouvera peut-être, comme l'abbé Maury, que
c'était là bien de la métaphysique pour une question toute politique; mais l'on peut répondre avec
Mirabeau : « Lorsque l'objet d'une discussion est
métaphysique, il faut bien l'être soi-même, ou se
trouver hors de son sujet. »

La vérité est que ce problème était un problème
de métaphysique, et bien plus encore que ne le
croyait Mirabeau, car c'était, au fond, le problème
scolastique des Réalistes et des Nominalistes.
Quelle était la doctrine soutenue par les partisans
du clergé? C'est que le clergé, comme corps, est
propriétaire. Mais que faut-il entendre par là? Un
corps est-il simplement une collection d'individus?
Est-ce à titre de collection que le clergé possédait?
Non sans doute, car c'eût été admettre que chaque
individu avait droit, en tant qu'individu, à sa quote-
part de la propriété du tout : or c'est ce que personne
ne soutenait. Personne en effet ne pensait qu'en cas de
dissolution de la société ecclésiastique, la propriété
commune dût être partagée entre les associés :
personne des membres du clergé ne se prétendait

individuellement co-propriétaire du tout. C'était le
clergé en général, en tant qu'unité abstraite, en
tant que personne morale, et non en tant que
collection, qui réclamait le droit de propriété. Or,
comme ce qui n'existe pas ne peut pas être propriétaire, c'était donc admettre la réalité des êtres
généraux, et, selon l'expression scolastique, des
Universaux, que de soutenir la propriété indivise,
incommutable des biens ecclésiastiques. Voilà ce
qu'impliquait la thèse du côté droit ; il reconnaissait
implicitement l'existence d'une substance abstraite
et générale, appelée clergé, dont les ecclésiastiques
n'étaient que les modifications transitoires et indivi-
duelles.

Les adversaires des biens ecclésiastiques sou-
tenaient au contraire, comme Aristote, que l'individu est la seule substance et que par conséquent
il est le seul propriétaire réel. Les hommes seuls
peuvent être propriétaires, et les seuls hommes
que nous connaissions sont les individus. Hors de
la propriété individuelle, il n'y a que convention et
fiction légale, parce que, hors de l'individu, il n'y
a qu'abstraction. Cette théorie n'était nullement
exclusive, comme on pourrait le croire, du droit
d'association, car les individus peuvent se réunir
et former un tout par leur réunion ; mais alors ce
n'est qu'une collection d'individus et non une
substance abstraite différente de chacun d'eux, et
dans laquelle ils seraient absorbés. Dans ces associations, chaque associé est propriétaire pour sa propre
part, et reçoit un dividende en proportion de sa

mise; c'est ce qui a lieu par exemple dans les sociétés
par actions : ce n'est, à vrai dire, qu'une extension
de la propriété individuelle; il y a là encore des
propriétaires réels. Il n'en est pas de même lorsque
la corporation est considérée comme un tout indivis
dont les individus ne sont plus membres, mais
sujets : on ne peut alors trouver la substance à laquelle appartient la propriété; cette substance n'est
qu'une abstraction. Or la société ne peut traiter
avec des abstractions : si elle consent à les considérer comme des personnes, c'est une fiction légale
qui n'a de valeur qu'autant que l'État n'y voit pas
d'inconvénients, et sur laquelle il est toujours
permis de revenir.

Pour bien comprendre cette théorie, il faut creu-
ser plus avant et remonter jusqu'à la logique. On
y distingue deux espèces de tout : le tout *collectif*
et le tout *général*, et de là deux espèces d'idées, l'idée
collective et l'idée générale. Autre chose est un tout
collectif, une armée par exemple; autre chose un
tout général, le soldat, l'homme. Un armée est un
composé de substances réelles : c'est une somme
d'individus; le soldat, au contraire, est une abstraction, l'homme est une abstraction. De même, le
clergé, en tant que composé de prêtres, est une
substance réelle, puisqu'il se ramène à des substances réelles; mais le clergé en soi, indépendamment des membres qui le composent, n'est qu'une
abstraction. Or, c'était le clergé en soi qui était
considéré comme propriétaire, et non la collection
des ecclésiastiques : autrement, chacun aurait eu

sa part, et aurait pu la retirer s'il l'eût voulu, ce que personne ne croyait ni ne soutenait. Il fallait donc croire à la réalité du clergé en soi, autrement on aurait soutenu le droit d'un être qui n'existait pas. Ainsi les défenseurs du clergé étaient, dans cette circonstance, sans s'en douter le moins du monde, inspirés par les principes du réalisme scolastique.

Si l'on pénètre plus avant dans cette sphère, on verra que l'abstraction allait beaucoup plus loin encore et supposait un raffinement de métaphysique qui ne peut se justifier qu'au point de vue de la spéculation la plus hardie. En effet, le clergé même, en tant que personne morale et substance abstraite, eût-on fait la part la plus large au réalisme de Guillaume de Champeaux, n'était pas encore le vrai propriétaire : il n'était réellement qu'administrateur. Les adversaires étaient irréfutables quand ils avançaient que le caractère distinctif de la propriété faisait ici défaut : le clergé n'avait pas le droit d'user et d'abuser; il était si peu propriétaire qu'il n'était pas même usufruitier, car il ne pouvait pas consommer les fruits. Il n'était pas plus propriétaire de ses fonds que l'État ne l'est du budget. En réalité, son rôle se bornait à celui d'un exécuteur testamentaire dont les services sont évalués et rémunérés par une part sur la succession, sans qu'il soit pour cela héritier. Où donc était alors le vrai propriétaire? Les fondations avaient deux buts : l'entretien du culte et le soulagement des pauvres. Considérons d'abord ceux-ci :

seraient-ce les pauvres qui seraient, comme le disait
Malouet, les propriétaires cherchés? Ici au moins
nous aurions des propriétaires réels. Il eût fallu
alors transférer la propriété aux pauvres et la leur
donner au moins à titre d'usufruit (car il faut ré-
server les droits des pauvres futurs). Or personne
n'eût admis une telle conséquence, et elle était
évidemment en dehors des prévisions des donateurs. Je vous donne de l'argent pour le distribuer
aux pauvres : les pauvres n'en deviennent pas par
là propriétaires ; ils n'ont même aucun droit légal
à réclamer cet argent. Entre mille raisons, la plus
frappante, c'est que les pauvres ne constituent pas
une classe sociale reconnue, déterminée ; si je
n'admets pas la réalité de l'être abstrait appelé
clergé, à plus forte raison nierai-je celle de cet être
abstrait appelé les pauvres. Si nous considérons
maintenant l'autre objet des donations, à savoir
l'entretien du culte, nous trouverons qu'il se ramène à deux points : le matériel, et le personnel
ecclésiastique. Or, pour ce qui est du matériel, il
n'est personne qui soutienne qu'une donation puisse
être faite à des objets matériels. Les pierres d'un
temple ne peuvent être propriétaires. Le *choses* sont
l'objet et non le sujet de la propriété. Restent les
personnes ecclésiastiques. Nous retrouvons ici le
clergé à un autre point de vue que tout à l'heure.
Il reçoit d'abord des donateurs les biens à admi-
nistrer ; puis il s'attribue à lui-même une partie
de ces biens à titre de subsistance honnête ; mais
ni à l'un ni à l'autre de ces points de vue il n'est

propriétaire dans le sens strict, car d'une part il
n'est qu'administrateur, et de l'autre il n'est que
subventionné. Il reçoit sa part comme les pauvres
reçoivent la leur; il n'a donc pas plus droit que
les pauvres eux-mêmes à s'approprier le fonds,
il n'est pas même propriétaire de la part des fruits
qu'il reçoit, car c'est un salaire et non un usufruit.

Ainsi, de quelque côté qu'on se tourne, on ne
trouve pas de propriétaires réels, de substances
ayant un titre effectif à la propriété. C'est qu'en
réalité les dons des fondateurs n'ont été attribués
à personne en particulier; ils ont été confiés à un
corps, comme fidéi-commis, pour la réalisation
d'une idée. Si l'on voulait parler rigoureusement,
on dirait que c'est cette *idée* qui est propriétaire.
Les biens n'appartiennent ni à l'État, ni au clergé,
ni aux pauvres; ils appartiennent à « l'entretien »
du culte et au « soulagement » des pauvres. Ce
sont ces deux objets purement idéaux qui, seuls,
ont le droit de réclamer ces biens comme leur appartenant, or ce ne sont pas là deux substances, ce
sont deux idées. Hegel triompherait ici, et prou-
verait par là combien il est vrai que l'idée est la
seule réalité, car on ne peut pas trouver de propriétaire, et cependant il y a une propriété. Cette
propriété n'appartient à aucune substance, pas
même à une substance universelle appelée clergé;
elle appartient à une abstraction, à savoir que le
culte doit subsister et être entretenu, et que les
pauvres doivent être soulagés. Les vrais propriétaires, dans cette supposition, ce seraient les idées.

de Platon, qui ne seraient même plus des substances, mais des essences, des rapports, des attributs, voire des négations, car on pourrait concevoir
des fondations « nihilistes » aussi bien que des fondations religieuses ou de bienfaisance.

On voit à quelle profondeur de métaphysique il
faudrait pénétrer pour trouver le fondement de la
propriété ecclésiastique. Descendant de ces hau-
teurs, nous demanderons maintenant si la loi peut
connaître de pareils contractants dans la société.
Peut-elle être liée par une idée pure, négocier avec
elle, la soumettre aux tribunaux, en un mot, la
faire entrer dans le code concret qui constitue une
société civile? La loi ne peut traiter qu'avec des
hommes, elle ne peut faire de conventions que pour
des hommes. Les choses ne peuvent être appro-
priées que par des personnes. La révolution française, en combattant et en abolissant la propriété
de mainmorte, travaillait en faveur de la propriété
individuelle. Tel est le sens de la lutte contre les
biens de corporation aussi bien que contre les droits
féodaux. Faire que les biens passent des individus
aux individus, et ne s'immobilisent pas d'une
manière impersonnelle, voilà ce qu'elle a voulu,
et cette entreprise est exactement le contraire
du communisme. Qu'elle ait agi en cette circonstance avec prudence et modération, qu'elle ait suffisamment tenu compte des droits du passé, des
faits acquis, des antiques précédents, on ne le sou-
tiendra pas, et c'est en cela qu'elle est une révolution; mais que la direction philosophique de ses

travaux ait été dans le sens de la propriété et non
dans le sens du communisme, c'est ce qui résulte
manifestement des considérations précédentes, —
car, s'il y a une doctrine qui conduise droit au
communisme, c'est précisément la théorie de la
mainmorte. Une propriété qui n'est jamais à personne en particulier et qui passe de main en main
au service des pauvres, c'est l'idéal communiste lui-
même. Au fond, la propriété de mainmorte c'est la
non-propriété. La Révolution, en la supprimant, ou
du moins en la soumettant à la loi, a refoulé un
communisme séculaire, bien loin de travailler à un
communisme nouveau.

N'oublions pas du reste qu'il y avait encore dans
cette question une autre principe engagé et que
nous allons retrouver dans une autre discussion, à
savoir le droit des fondateurs, en d'autres termes le
droit de disposer ou la liberté de tester. Nous tou-
chons ici à la propriété dans la famille.

III

Ce ne fut pas par hasard ni arbitrairement et par un désir exagéré de réformes que la Constituante fut amenée à s'occuper des lois successorales. On ne peut ici lui faire le reproche qui lui a été souvent adressé d'avoir voulu construire une société *a priori* pour satisfaire un besoin d'idéal philosophique. Ce n'est pas ainsi que les choses se sont passées. La Constituante est partie d'une nécessité, qui s'imposait d'elle-même aux nouveaux législateurs, à savoir l'abolition du régime féodal. Ce régime gothique, issu de la société du moyen âge était devenu en désaccord avec tous les faits sociaux. Comment un régime né de l'anarchie et de l'état de guerre eût-il pu convenir à une société laborieuse, industrieuse, commerçante, pacifique, lettrée? Un ordre social tout nouveau s'était formé peu à peu par le progrès naturel de la civilisation. Les institutions féodales subsistant encore étaient devenues, pour la société vraie et toute neuve qui s'était développée en dehors d'elles, des entraves intolérables. Il fallait s'en débarrasser. La Révolu-

tion le fit, comme nous l'avons vu ; mais ce grand
changement en appelait d'autres. En supprimant
les formes de la société du moyen âge, il fallait
les remplacer, et des questions nouvelles se po-
saient nécessairement. Parmi les droits liés à la
féodalité, deux droits essentiels qui touchaient à la
constitution de la famille, le droit d'aînesse et le
droit de masculinité, avaient été abolis. Ces deux
droits abolis, quels principes régleraient la succession des biens dans la famille? Deux systèmes
étaient en présence : l'un qui régnait dans les pays
de droit écrit, c'est-à-dire soumis au droit romain,
à savoir la liberté de tester, le droit du père de
famille ; l'autre qui régnait dans les pays de droit
coutumier et se cumulait avec le droit d'aînesse, à
savoir le principe du partage égal. Il ne faut pas
oublier en effet que ce principe du partage égal n'est
nullement une invention spéculative de la Révolution, une institution *a priori*, c'est une loi historique
qui préexistait depuis des siècles et qu'il s'agissait
tout simplement de généraliser en excluant les majorats et les privilèges héréditaires, et, ce qui était
une conséquence nécessaire, en limitant le pouvoir
paternel. Nos lois successorales ne sont pas nées,
encore une fois, de l'arbitraire des législateurs, de
la théorie des philosophes, d'un besoin systématique et spéculatif ; elles ont été la conséquence
logique et nécessaire des faits. Ceux qui interprètent
la Révolution autrement sont dupes de l'apparence
et de la forme extérieure : c'est la forme au XVIII°
siècle qui est abstraite et théorique, c'était un des

besoins du temps de généraliser et de réduire en principes et en maximes les nécessités sociales que la suite des temps avait amenées. Prenez la déclaration des droits qu'on a tant accusée d'être une théorie métaphysique, vous verrez qu'il n'est pas une de ces maximes abstraites qui soit autre chose que la pure et simple expression des faits sociaux, amenés par le progrès inévitable de la civilisation. Que l'on ait donné à ces faits une expression trop tranchante et trop absolue, cela est possible, quoique cela même eût sa raison ; mais encore une fois, c'est là une affaire de forme plus que de fond. Ce que nous disons ici est particulièrement vrai des lois successorales actuelles, dont la solidité inébranlable vient précisément de ce qu'elles ont été non-seulement l'expression du droit et de la justice mais encore la conséquence inévitable de l'histoire et du passé.

L'assemblée Constituante eut donc à décider entre deux systèmes : d'une part la liberté de tester, recommandée par la tradition romaine, et à laquelle se rattachait le parti aristocratique, qui y voyait un moyen de reconquérir ses privilèges ; de l'autre le système du partage égal qui venait du droit coutumier et qui était soutenu par les défenseurs de la Révolution. La liberté de tester était défendue par Cazalès, et combattue par Mirabeau et par Robespierre : le système contraire qui a prévalu eut pour défenseurs Tronchet, et plus tard, au conseil d'état, Portalis.

Nous ne fatiguerons pas le lecteur par l'analyse

de ces discours, qui sont très connus et que l'on peut trouver facilement; contentons-nous de dégager du débat, comme nous l'avons fait pour la question précédente, les principes philosophiques en présence : de part et d'autre en effet il y avait un droit à invoquer, et la conciliation de ces deux droits était un des problèmes les plus graves que le législateur eût à résoudre.

D'une part, il semble bien que le droit de disposer soit la conséquence légitime et logique du droit de propriété. Qu'est-ce qu'avoir une chose en propre, que devient le droit de s'en servir, le droit d'user et d'abuser, c'est-à-dire d'utiliser et de consommer, si l'on ne peut en faire l'usage que l'on désire, et la transmettre à qui l'on veut, particulièrement aux objets de nos affections? Or, si je puis, comme il est évident, user de ce droit pour le présent, par vente, prêt ou donation, comment ne le pourrais-je pas pour l'avenir? Si ma volonté actuelle ne prévaut pas après ma mort, nulle volonté d'avenir n'est possible, car qui me prouve que je ne mourrai pas demain, aujourd'hui, tout à l'heure? Si l'on veut distinguer entre disposer en cas de vie et disposer en cas de mort, cette distinction est insignifiante : comme le disait Portalis, c'est quand on est vivant qu'on dispose. Il est inutile d'invoquer ici, comme le croyait Leibniz, le dogme de l'immortalité de l'âme, car ce n'est pas le mort qui reste propriétaire, puisqu'il s'agit de transmettre : ce droit ne peut se tirer que de la vie et non de la

4.

mort. D'ailleurs quoi de moins rationnel que. de. supposer l'âme, après la. mort et. dans un autre monde; stipulant pour celui-ci? Il n'y a pas de législateur, si croyant qu'il fût, qui consentirait à traiter avec des morts, fussent-ils en paradis, à plus forte raison en enfer.

En second lieu, il faut bien admettre que les premiers venus ont sur la terre un certain droit de priorité qui naît de la nature des choses, et ce droit est bien compensé d'ailleurs, et au delà, par les épreuves que les premiers ont eues à subir, et qui, nous sont épargnées. Il faut qu'il y ait des premiers : c'est là une sorte d'avantage ; mais on n'y peut rien faire. Il faut en prendre son parti. Il en est de même, et plus encore, dans l'ordre littéraire et poétique. Les grands poètes grecs, Homère et Sophocle, ont pris le dessus du panier et ne nous ont laissé que les scories. Newton a découvert le système du monde, on ne peut le découvrir après lui. « Leurs écrits sont des vols qu'ils nous ont fait d'avance, » dit l'auteur de *la Métromanie*. Il y a dans les lettres, dans les arts, dans les sciences, un droit de premier occupant. Il en est de même des premiers propriétaires. Ils ont occupé avant nous, et ce n'est pas seulement, suivant la comparaison de Cicéron, comme au théâtre, où les premiers arrivés prennent les places inoccupées ; car les premiers hommes n'ont pas été des spectateurs oisifs ; ils ont défriché la terre. Nous n'avons pas à examiner si ce sont bien ceux qui ont cultivé qui sont devenus les vrais propriétaires, car on ne peut réviser ces possessions dont les titres manquent : il faut donc concéder un droit acquis, sans lequel rien ne serait ni fixe, ni garanti. La conclusion est que le droit du premier occupant est indubitable, qu'il implique le droit de disposer, et que toute restriction à ce droit est une restriction au droit de propriété.

Considérons maintenant la question à un autre point de vue. Ce droit, ce privilège du premier occupant, si légitime qu'on le suppose, et si large qu'on le reconnaisse, peut-il aller jusqu'à exclure à tout jamais tous ceux qui doivent venir ensuite? Le droit de propriété chez les uns doit-il prescrire à jamais le droit à la propriété chez les autres? Il ne s'agit pas évidemment d'un prétendu droit de partage sur ce qu'on n'aurait pas gagné, ni d'une action qu'on pourrait intenter à la société pour que chacun ait sa part; non, mais il s'agit du droit de devenir propriétaire par son travail comme ceux qui nous ont précédés : ce droit ne saurait être prescrit. Cependant, si l'on admet la liberté de disposer illimitée, ne voit-on pas que, soit par les majorats et les substitutions, soit par les fondations avec leur faculté d'accumulation, il pourrait venir un temps où le sol tout entier, avec tout ce qu'il produit, deviendrait la possession exclusive de certaines corporations ou de quelques familles privilégiées? L'exclusion du sol à tout jamais des familles nouvelles serait la conséquence inévitable de cet état de choses. Celles-ci ne pourraient trouver leur subsistance qu'en se mettant au service des autres : les uns jouiraient, et les autres travailleraient. De

là le régime des castes, l'esclavage, le servage, la
plèbe et toutes les grandes révolutions de l'histoire.
On sait d'ailleurs quels sont les inconyénients économiques des biens de mainmorte et des terres inaliénables.

Que ce péril ne soit nullement chimérique, c'est
ce qui est suffisamment prouvé par les précautions
que l'ancien régime lui-même avait prises pour
s'en préserver, — car c'est l'ancien régime qui, par
l'ordonnance de 1666 et par celle de 1749, avait
interdit aux établissements religieux d'acquérir sans
autorisation; c'est l'ancien régime qui, par l'ordonnance de 1566, a interdit les substitutions indéfinies
et les a réduites à deux degrés. A la vérité, on
pourrait croire qu'aujourd'hui, grâce au développement de la richesse mobilière, l'exclusion de la
richesse territoriale aurait moins d'inconvénients
qu'autrefois : on peut être aujourd'hui millionnaire
sans posséder un pouce de terre. Mais la richesse
mobilière elle-même a son fonds dans la richesse
territoriale. Sans dire, comme les physiocrates,
que la terre soit la seule richesse, elle est au moins
l'instrument de toute richesse. Les mines, les
chemins de fer, toutes les industries reposent sur
le sol. Si celui-ci devenait le monopole de quelques
corporations ou de quelques individus, l'industrie
redeviendrait la vassale des propriétaires du sol, et
serait complètement paralysée; la richesse mobilière ne se développerait pas, ou s'éteindrait rapidement. Enfin la propriété de la terre a toujours
eu un charme particulier pour celui qui cultive,

et qui sans aucun espoir d'arriver à cette propriété serait bientôt réduit à l'état de serf et de main-mortable.

Dira-t-on qu'ouvrir en principe la propriété à tous, tandis qu'en fait si peu peuvent y atteindre, c'est faire plus de mal que de bien ? N'est-ce pas là une sorte d'ironie de la loi ? Les réformateurs haineux ne se sont pas fait faute de mettre en relief cette ironie. Nous répondrons : il importe peu qu'on interprète mal un principe de justice, ce n'est pas une raison pour que le législateur pratique sciemment l'injustice. De ce que tous ne peuvent pas arriver à la propriété foncière, ce qui dépend des conditions économiques qui ne sont pas en la puissance de l'État, ce n'est pas une raison pour que ceux qui peuvent y arriver par le travail en soient exclus par la volonté de leurs prédécesseurs.

Tels sont donc les deux droits en présence : d'une part le droit de la propriété acquise, de l'autre le libre accès à la propriété. La Révolution, préoccupée surtout des abus du droit de premier occupant, a cherché à le restreindre par la limitation du droit de tester. Les raisons qui ont déterminé alors les législateurs ont-elles encore aujourd'hui la même valeur ? Y a-t-il lieu de reprendre cette question et de restituer à la liberté testamentaire une plus large part ? Quelques-uns le croient ; mais nous ne voulons pas entrer dans ce débat. Nous ne jugeons pas la question au fond, nous la considérons seulement au point de vue historique. La Révolution était-elle fondée à avoir de pareilles craintes ? Oui, sans doute, puisque l'ancien régime les avait eues lui-même; lui-même avait été préoccupé des abus du droit de disposer et avait cherché à le restreindre.

Le droit de la Révolution est donc incontestable. Elle avait avant tout pour objet de combattre la propriété immobile et privilégiée : le droit illimité de tester n'était au fond que le droit d'interdire la propriété à tous au profit de quelques-uns. Dé là l'opposition de la Révolution à cette prétendue liberté; mais le droit d'aînesse et de substitution étant aboli d'une part, de l'autre le droit absolu de tester étant écarté, il ne restait plus que le vieux système coutumier, appliqué jusque-là aux biens de roture, à savoir le partage égal, avec un droit de réserve pour le père de famille. Quant à la quotité de la réserve, ce n'est plus qu'une question technique et pratique, où la lutte des deux principes se retrouve sans doute encore, mais avec beaucoup moins de gravité.

Au reste l'expérience a prouvé que dans cette circonstance le législateur n'a pas dépassé la mesure fixée par les mœurs, par les intérêts, par les sentiments de la nation. En fait, l'immense majorité des citoyens n'use même pas des droits que la loi leur laisse; l'autorité paternelle, dont on demande sans cesse l'extension, ne profite même pas dans la plupart des cas de la faculté de réserve qui lui est laissée[1]. Ces mœurs nouvelles se sont répandues

---

[1] M. Ch. Dunoyer, dans son livre sur *la liberté du travail* (tom. III, p. 494), nous dit que dans l'année 1825, à Paris,

jusque dans les classes aristocratiques, et l'on vit,
sous M. de Villèle, un membre de la noblesse
refuser d'être pair de France à la condition de
constituer un majorat pour son fils aîné[1] : tant il
est vrai, comme l'a dit M. de Tocqueville, que les
classes aristocratiques elles-mêmes ont été gagnées
par la douceur de mœurs de la famille démocratique.

En résumé, nous pouvons dire que l'abolition
du régime féodal et l'abolition des priviléges en
matière de succession ont eu pour double conséquence d'établir d'une part la liberté de la propriété, de l'autre le libre accès à la propriété. Si à
ces deux réformes nous ajoutons l'abolition des
jurandes et des maîtrises, et la consécration du
principe de Turgot, à savoir « que le travail est la
première et la plus sacrée des propriétés », si nous
considérons que la Constituante a également consacré la propriété industrielle par l'établissement
des brevets d'invention, qu'elle a posé la première
base de la propriété intellectuelle et littéraire, que
par le principe de la liberté de la presse, elle a ouvert la carrière à une nouvelle sorte de propriété,
on peut affirmer sans réserve que la résultante générale des principes de la Révolution a été l'affranchissement et l'extension de la propriété. Le
mouvement général de la Révolution est donc dans

---

sur 8,730 successions, 59 personnes seulement avaient dis-
posé du préciput légal en faveur de tel ou tel enfant.

[1] Voir l'*Histoire de l'autorité paternelle*, par Paul Bernard,
1864, p. 415. — Extrait des mémoires de M. Guizot.

le sens de la propriété individuelle et non de la
propriété commune. Quand on parle de l'expro-
priation pour cause d'utilité publique comme d'une
atteinte à la propriété dont la Révolution serait
responsable, on oublie que ce droit existait déjà
dans l'ancien régime ; mais, ce qui n'existait pas,
c'était la garantie d'une indemnité préalable fixée
par les tribunaux, ce qui est encore en faveur de la
propriété.

Il résulte de tous ces faits que la société de 89
est celle où le principe de la propriété a été le
plus solidement établi dans le monde, et où les
droits de chacun ont été garantis avec le plus d'é-
quité. C'est dans les principes mêmes de la Révolution que l'on trouvera le point d'appui le plus
solide contre les rêveries socialistes ; ces rêveries
ne sont que des réminiscences d'ancien régime :
omnia sunt regis, tel était le principe de la monarchie absolue, tel est le principe du communisme,
la nation ayant succédé au roi. La Révolution en
supprimant la mainmorte des corporations et la
directe universelle de la royauté, a rendu à tout
jamais impossible l'établissement d'une société
communiste.

LIVRE PREMIER

LE SOCIALISME RÉVOLUTIONNAIRE

Il n'est pas facile de démêler, dans cet ensemble confus de faits et d'idées que l'on appelle la révolution française, la part de cet élément non moins confus que l'on appelle le socialisme. Il semble, dans le idées généralement admises, que le terme de « socialismé révolutionnaire » soit une sorte de pléonasme, que ce soient là deux mots pour une seule idée; car on confond d'ordinaire l'esprit socialiste et l'esprit révolutionnaire. Ce n'est pourtant pas la même chose. On appelle *socialisme* toute doctrine qui professe qu'il appartient à l'État de corriger l'inégalité des richesses qui existe parmi les hommes et de rétablir légalement l'équilibre en prenant sur ceux qui ont trop pour donner à ceux qui n'ont pas assez, et cela d'une manière permanente et non dans tel ou tel cas particulier, une disette par exemple, une catastrophe publique, etc.

Quant au mot *révolutionnaire*, il a été défini par la Convention elle-même lorsqu'elle a déclaré, par le décret du 19 vendémiaire an II, que « le gouvernement serait révolutionnaire jusqu'à la paix ». Elle entendait par là : suspension des lois, dictature de salut public, dictature populaire. On voit combien ces deux idées diffèrent l'une de l'autre. Un gouvernement régulier peut prendre des mesures qui soient socialistes, et un gouvernement révolutionnaire des mesures qui ne le soient pas. La taxe des pauvres en Angleterre est une institution socialiste, non révolutionnaire ; la loi des suspects était une loi révolutionnaire et non socialiste.

Les termes de la question ainsi expliqués, nous croyons que les faits démontrent que le socialisme, pendant la révolution française, n'a existé qu'à l'état diffus et, comme on dirait aujourd'hui, sporadique, mais qu'il ne s'est point condensé ni concentré dans une doctrine ni dans un parti, si ce n'est sous le Directoire, lors du complot de Babeuf, que nous étudierons séparément. Ce sont donc des traces éparses, des faits individuels qu'il faut recueillir et rapprocher pour reconstituer ce que l'on peut appeler le *socialisme révolutionnaire*[1] ; car nous n'admettons, ni avec les ennemis, ni avec les amis

---

[1] Sur cette question, on pourra consulter : *Le Socialisme pendant la Révolution française*, par M. Amédée Le Faure, ouvrage qui contient un assez grand nombre de pièces inédites curieuses, mais où l'élément socialiste est constamment confondu avec l'élément révolutionnaire ; l'*Histoire du luxe*, par M. Baudrillart, dont le chapitre sur le luxe pen-

passionnés du gouvernement de 1793, que ce gouvernement ait été socialiste dans le sens nouveau
du mot. C'était une démocratie radicale, allant jusqu'à l'ochlocratie, mais n'ayant pas pour but ni
même pour intention de toucher à l'ordre de la
propriété. Les lois du maximum, les lois contre les
accaparements, étaient de vieilles machines gouvernementales dont on avait souvent usé, comme
l'a montré M. de Tocqueville; mais ce n'étaient pas
plus des mesures socialistes que les droits prohibi-
tifs ou protecteurs et que les lois sur l'intérêt légal
de l'argent. Il ne faut pas tout confondre.

Les faits qu'il s'agit de rassembler étant si com-
plexes, si fugitifs, si dispersés, nous sommes obligé
d'y apporter un certain ordre et de les classer dans
des cadres un peu arbitraires, qui n'ont d'autre but
que de présenter séparément des faits connexes
très compliqués, C'est ainsi que nous distinguerons
un socialisme franc-maçonnique, un socialisme
anarchique, et un socialisme doctrinaire; et ce
dernier se présentera sous deux formes, l'une purement utopique, l'autre politique : celui-ci seulement se rapprochera quelque peu de la doctrine
que MM. Buchez et Louis Blanc ont prêtée aux
hommes de 93; mais nous verrons aussi à combien
peu de chose il se réduit.

dant la Révolution a été publié par la *Revue des Deux Mondes*,
et en général toutes les histoires de la Révolution française,
notamment l'*Histoire parlementaire* de Buchez, enfin tous les
documents du temps, particulièrement les journaux.

CHAPITRE PREMIER

LE SOCIALISME FRANC-MAÇONNIQUE

Quelle a été la part des sociétés secrètes qui, depuis le moyen âge, s'étaient perpétuées jusqu'au xviiie siècle, la sainte Vehme, les rose-croix, les illuminés et enfin les francs-maçons; quelle a été dis-je, leur part dans la révolution française? Quelques auteurs ont cru qu'elle a été très grande. L'abbé Barruel, dans ses *Mémoires secrets sur l'histoire du jacobinisme*, Mounier, dans son livre sur *l'Influence des illuminés pendant la Révolution*, ont attribué en grande partie à des conspirations secrètes et depuis longtemps préparées, à une explosion de sectes antisociales, les succès de la Révolution. George Sand, dans sa période socialiste, dans *Consuelo*, dans *la Comtesse de Rudolstadt*, dans *le Compagnon du tour de France*, avait embrassé cette opinion, et avait cru également à une vaste, lointaine et profonde incubation du socialisme qui aurait amené à un moment donné

89 et 93, et qui promettait dans l'avenir une révolution nouvelle bien autrement profonde et mystérieuse. Rien de moins vraisemblable que ces suppositions, pour la justification desquelles on n'a jamais apporté aucun fait précis de quelque importance. Il n'était guère besoin de sociétés secrètes contre les prêtres, les nobles et les rois, lorsque les écrivains, le monde, les cours elles-mêmes déclamaient publiquement contre les abus et poussaient à la réforme. La franc-maçonnerie en particulier paraît bien n'avoir été autre chose qu'une institution de bienfaisance non orthodoxe, une société de secours mutuels. Son rôle historique est absolument nul : on ne la trouve mêlée à aucun événement. Dans les histoires de France les plus développées, le nom de francs-maçons n'est pas prononcé une seule fois. Il est donc bien peu probable qu'elle ait exercé l'influence qu'on lui attribue. Néanmoins elle était animée sans aucun doute d'un sentiment humanitaire vague qui, sous le feu des événements, devait prendre facilement la forme socialiste, mais d'un socialisme innocent et presque évangélique, qui mêlait d'une manière confuse l'esprit de la philosophie du xviiie siècle et l'esprit chrétien.

Dès les premiers temps de la Révolution, la franc-maçonnerie eut donc son club, son journal et son orateur. Le club s'appelait *le Cercle social*, le journal *la Bouche de fer*, l'orateur l'abbé Fauchet. Le journal fut fondé en janvier 1790; les principaux rédacteurs en étaient Bonneville et Fauchet. Le club fut inauguré, le 13 octobre 1790, dans une ancienne loge maçonnique que l'on appelait le cercle du Palais-Royal. *La Bouche de fer* est un journal des plus plats, des plus pauvrement écrits; mais les sentiments en sont élevés et généreux. On essayait de s'y placer au dessus des partis : « Ne soyons, disait-on (1er octobre 1790), ni royalistes, ni aristocrates, ni jacobins, ni quatre-vingt-neuvistes; soyez *francs* comme vos pères, et vous serez libres comme eux. » Des prêtres chrétiens se mêlaient très innocemment à ces prédications humanitaires, qui avaient lieu soit au club, soit dans le journal. Un certain abbé Leclerc, curé d'Ambron, faisait allusion à une tradition mystérieuse et à une langue hiéroglyphique commune à tous les peuples. Avant MM. Jean Reynaud et Henri Martin, il parlait des druides comme précurseurs de la fraternité moderne. Le journal avait une tendance à la religiosité qui le préservait des préjugés excessifs du xviiie siècle. Au lieu de voir dans les fondateurs de religion, comme le faisaient les encyclopédistes, des hypocrites et des ambitieux, on parlait d'eux avec respect, quoique dans un style emphatique : « La majesté, disait-on (4 oct. 90), respire dans les ruines superbes de leurs mystérieuses institutions. » L'habitude des cadres, de la discipline, de la hiérarchie maçonnique, servait de frein à l'esprit de nivellement, bien loin d'y pousser. On protestait contre la destruction de tous les ordres; on demandait qu'il fût usé de ménagement, et on allait jusqu'à défendre l'ordre de Malte.

Le principal rédacteur du journal, et surtout le

principal orateur du club, est un personnage qui
s'est fait quelque nom plus tard parmi les girondins et qui est mort avec eux : l'abbé Fauchet.
C'est un des personnages secondaires de la Révolution, esprit médiocre et sans portée, mais non
sans quelque flamme d'éloquence. Il avait plus
d'imagination que de bon sens; mais son imagina-
nation était tournée vers le grand et animée d'une
véritable philanthropie. Sa vie de prêtre n'avait
pas toujours été très régulière, ce qui n'était pas
une grande exception de son temps, et il n'en avait
pas moins été nommé abbé de Montfort et grand
vicaire de Bourges. Il se lança dans les idées de la
Révolution avec une extrême ardeur et parut même
désavouer la foi chrétienne dans un *Éloge de Fran-
klin*, où il défendait non seulement la tolérance,
mais même l'indifférence en matière de religion.
Il fut membre de la commune de Paris, mais à une
époque où elle n'avait pas encore le caractère
terrible qu'elle eut plus tard. Il accepta et défendit
avec passion la constitution civile du clergé et fut
nommé évêque constitutionnel du Calvados. Cependant, dans la Convention, dont il fut membre, il se
rangea du côté du parti modéré. Il se montra des
plus courageux dans le procès de Louis XVI. Il
refusa de se prononcer « comme juge » dans une
question où, disait-il, il n'avait pas qualité. Il vota
toutes les mesures dilatoires : l'appel au peuple,
la détention, le sursis, et exprima énergiquement
son opinion dans le *Journal des amis*. Quelques
mois plus tard, ayant eu par hasard le malheur

d'ouvrir à Charlotte Corday les tribunes publiques de la Convention, il fut accusé de complicité avec elle et arrêté avec les vingt-deux girondins. Un témoignage de l'abbé de Lothringer, son compagnon de captivité, nous apprend qu'il se rétracta en prison : « Il se confessa, dit celui-ci, et entendit lui-même Sillery [1] en confession. » Fauchet fut condamné et exécuté avec les girondins le 31 octobre 1793.

En 1791, l'abbé Fauchet était l'un des rédacteurs de *la Bouche de fer* et le principal orateur du Cercle social. Ce fut là qu'il prononça des discours d'un caractère socialiste très accusé qui furent qualifiés de discours « en faveur de la loi agraire [2]. » Peut-être y avait-il là quelque exagération; mais l'inspiration générale est évidemment dans ce sens, et M. Louis Blanc, dans son *Histoire de la Révolution*, a eu raison d'y voir une anticipation et un pressentiment du socialisme moderne. Seulement il néglige de faire remarquer que ces discours n'eurent presque aucun retentissement, que *la Bouche de fer* n'eut pas de succès, que le Cercle social succomba un des premiers, et enfin que

---

[1] Sillery, comte de Genlis, mari de la célèbre Mme de Genlis, était le principal agent du parti d'Orléans. Fauchet lui-même pourrait bien avoir eu quelques accointances avec ce parti. On cite de lui une oraison funèbre du duc d'Orléans, père de Philippe-Égalité.

[2] L'accusation de *loi agraire* sous la Révolution correspondait à l'accusation de socialisme ou de communisme de nos ours. Cette expression de loi agraire a presque complètement disparu de la polémique politique.

Fauchet est un des personnages les plus effacés de la Révolution, ce qui réduit à bien peu l'importance de ces discours. C'est donc simplement à titre de documents qu'ils doivent être signalés.

Le but du Cercle social était de former « la fédération universelle du genre humain, » la confédération universelle des amis de la vérité. C'est là que fut prononcé d'abord le mot de fraternité. Il y a sans doute quelque affinité entre cette doctrine et celle d'Anacharsis Clootz, que nous voyons en relation avec le Cercle social [1] ; mais chez le rêveur allemand la doctrine humanitaire prend ou du moins a pris plus tard un caractère révolutionnaire manifeste. Dans l'abbé Fauchet, au contraire, nous avons encore affaire à un socialisme innocent, tel que le christianisme lui-même en a si souvent suscité, tel qu'il était lui-même à son origine. Fauchet parlait au nom des sociétés maçonniques, qu'il appelait, dans un style détestable, « des sociétés vestales, qui ont conservé le feu sacré de la nature sociale. » Il comparait la maçonnerie au christianisme, et l'œuvre nouvelle à l'œuvre chrétienne : illusion qu'ont eue presque tous nos novateurs modernes. Douze hommes ont renversé les temples païens : c'est à la maçonnerie à détruire la vieille société et à préparer la fédération humaine. Le mouvement devait partir du consistoire siégeant à Paris. Fauchet défendait la franc-maçonnerie contre les épigrammes de Voltaire, qui n'a jamais

[1] *La Bouche de fer* (10 octobre 1790).

5.

été cher aux socialistes. Celui-ci avait dit que les
mystères des franc-maçons étaient « forts plats »,
Il en parlait, dit Fauchet, comme un homme qui
n'a jamais rien compris « aux mystères de la
nature et de la divinité ». Il s'élevait contre ce
qu'il appelait « le despotisme moqueur » de
Voltaire, qui d'ailleurs était « un gentilhomme
châtelain, homme à grand ton, aristocrate parce
qu'il était fort riche ». Ce sont au contraire les
mystères du matérialisme qui sont « fort plats » et
qui font du genre humain « un troupeau sans
âme », et du monde « une production sans
dessein [1] ».

Quelle est cette doctrine des francs-maçons dont
Fauchet se fait l'interprète et le défenseur? Elle ne
se présente d'abord dans les premiers discours que
sous les apparences les plus innocentes, et même
comme une réaction heureuse et légitime contre
les fausses idées du XVIIIe siècle sur les origines de
la société. La philosophie de ce temps avait nié
la sociabilité primitive et naturelle de l'homme et
faisait naître la société d'une convention, d'un
contrat. C'est la doctrine de Rousseau, et c'était
cette doctrine qui servait de thème aux premières
discussions du Cercle social et aux discours de l'abbé
Fauchet. Il fit voter par le club les propositions suivantes : « L'homme est un être aimant par nature,

---

[1] Cette attaque à Voltaire attira à Fauchet de vives ré-
ponses. Anacharsis Clootz le défendit dans *la Bouche de fer*;
Charles Villette répondit dans les *Révolutions de Paris.*

fait pour s'associer à ses semblables. — La législation qui contrarie ce penchant est contraire à la nature; c'est une dissociation plutôt qu'une société.
— L'état civil ne doit être que la continuation et la
progression de l'état de nature. — Il n'y a pas de
passage de la nature à la société. — Toutes les conventions et tous les vrais avantages de l'état civil ne
font qu'élever l'homme à la hauteur de la nature.»
Ce ne sont pas là de si mauvaises doctrines ; c'est la
défense de la vieille définition d'Aristote : L'homme
est un animal social. Mais bientôt l'orateur est
entraîné sur un terrain plus glissant ; et sa philanthropie tend à se confondre avec ce que nous
appelons socialisme, lorsqu'il vient à demander
qu'à côté des lois en faveur de ceux qui possèdent.
les législateurs veuillent bien en faire « en faveur
de ceux qui n'ont rien [1] ».

Fauchet nous apprend d'ailleurs qu'il y avait
alors deux sortes de francs-maçons. Les uns sont
des amis sincères et sûrs de l'humanité; ils n'as-
pirent qu'au bonheur d'une régénération universelle et tendent à ce noble but par des moyens
pacifiques. Les autres sont les plus dangereux des
hommes, non dans leur but, mais dans « leurs
moyens ». Pour ceux-ci, « des destructions terribles,
de grandes ruines » paraissent nécessaires pour
élever «le temple de la concorde et de l'harmonie».

[1] Le sage Malouet lui-même, dans la Constituante, proposait quelque chose de semblable; il disait aussi que « les
lois de ceux qui n'ont rien sont encore à faire. » On voit
combien ces idées étaient alors vagues et confuses.

Les *illuminés* d'Allemagne, dont Weissaupt était
le chef[1], paraissent être ceux auxquels Fauchet
fait allusion dans ce passage. Quant à lui-même
il était évidemment au nombre des pacifiques
et des modérés. Il proteste contre l'accusation de
« loi agraire » qui était portée contre lui[2]. Il dit
que « les lois de partage sont toujours portées à
« l'excès, » qu'il n'y en a jamais eu qui n'aient violé
la nature et le droit; qu'il ne faut pas tenter d'établir l'ordre social « par le bouleversement des
propriétés. » Il va jusqu'à appeler ces sortes de
lois « un brigandage législatif. » En un mot, « les
lois de réparation » ne peuvent s'établir qu'avec
de grandes mesures et « des progressions atten-
tives. » Malgré toutes ces réserves, Fauchet n'en
indique pas moins clairement quel doit être le but
des lois civiles. C'est dit-il, « d'assurer le domaine
d'existence à tous les membres de la société. »
Il croyait trouver dans la déclaration des droits
des États-Unis d'Amérique ce que nous avons
appelé depuis le droit au travail. Son principe est
« qu'il faut que tout le monde vive, que tous aient
quelque chose, sans que personne ait rien de
trop : » maxime empruntée à Jean-Jacques et dont
Babeuf fit plus tard la base de sa doctrine. Pour

---

[1] Anacharsis Clootz lui-même se défiait alors des *illuminés*
d'Allemagne, car Fauchet lui écrit (10 octobre 1790) : « J'ai
autant d'éloignement que vous pouvez en avoir pour les *illuminés* d'Allemagne, de Prusse ou d'ailleurs; mais je suis
convaincu qu'ils dénaturent la maçonnerie. »

[2] Il avait été dénoncé au comité de recherches comme
demandant la loi agraire.

arriver à l'exécution d'un plan aussi vague, Fauchet
indiquait non moins vaguement comme moyens
les lois de succession et de mariage, et se croyant
suffisamment justifié contre les accusations de loi
agraire par les précautions précédentes : « Voilà,
disait-il, comme je suis un incendiaire ! voilà
comme je menace la propriété ! » Mais en même
temps il ajoutait ces paroles fort peu pacifiques :
« Quel est le scélérat qui voudrait voir continuer
un régime infernal, où l'on compte par millions les
misérables et par douzaines les insolents qui n'ont
rien fait pour avoir tout[1] ? » Ainsi se combattaient
dans cette imagination désordonnée, les vagues et
violentes revendications avec la modération
d'une âme douce et généreuse.

Le socialisme, dans l'abbé Fauchet, peut encore
s'appeler un socialisme chrétien. Cependant le
caractère panthéistique commence à paraître dans
l'un de ses discours (t. VII, *Discours*). On trouve
aussi çà et là dans *la Bouche de fer* des traces
informes de panthéisme[2]. Cependant, le vrai
représentant du socialisme panthéistique et cosmo-

---

[1] Il ne faut pas oublier, pour être juste, que ces sortes de
déclamations étaient alors de tous les partis. L'abbé Maury,
l'orateur du côté droit, parlant des créanciers de l'État, les
appelait « des sangsues qui dévorent le sang du peuple ».

[2] Voici, par exemple, des vers détestables, mais curieux
pour le sens :

L'Esprit divinisé se conçoit, s'éternise,
Remonte vers les cieux, par les cieux aimanté,
L'homme est Dieu : Connais-toi ! Dieu, c'est la vérité !

(*Bouche de fer*, n° 14.)

polite est le célèbre Anacharsis Clootz, « l'apôtre du genre humain ». Clootz se rattache à *la Bouche de fer*, avec laquelle il eut quelques communications. Les deux traits principaux des doctrines d'Anacharsis Clootz sont : le panthéisme et le cosmopolitisme [1]. C'est un panthéisme humanitaire, semblable à celui dont on a vu tant d'exemples dans notre siècle : « Ma secte, disait-il, n'est autre chose que le genre humain... Le peuple est le souverain du monde. *Il est Dieu*. Quant à l'univers, il est parfait et éternel. — Nous ne mourrons jamais; nous transmigrerons toujours... Cette doctrine est un peu plus gaie que celle du père Satan. » Au fond, ce panthéisme n'est qu'athéisme : « En ajoutant un incompréhensible *theos* à un incompréhensible *cosmos*, vous doublez la difficulté. » Le vrai fond de la théorie de Clootz, c'est le cosmopolitisme révolutionnaire : il est le fondateur de l'internationalisme moderne, le grand précurseur de la Commune. Paris devait être, selon lui, l'instrument de la révolution universelle : « Le point d'appui qu'Archimède cherchait pour enlever la terre, vous, mes frères, vous le trouverez en France pour renverser les trônes. Paris est une assemblée nationale par la force des choses. C'est le *Vatican de la raison*. » On voit que la doctrine

---

[1] Les principaux ouvrages de Clootz, devenus très rares et que M. Louis Blanc a trouvés au British Museum (*Bibliothèque historique de la Révolution*, 775), sont : *Bases constitutionnelles de la république du genre humain; — la République universelle; — Appel au genre humain.*

de Clootz, très vague d'ailleurs au sujet de la propriété, appartiendrait plutôt déjà au socialisme
démagogique et anarchique ; mais elle se rattache à
la franc-maçonnerie, et à l'illuminisme allemand
par le sentiment humanitaire, et elle nous montre
la transformation du socialisme demi-chrétien
de l'abbé Fauchet en un socialisme panthéiste et
athée.

CHAPITRE II

LE SOCIALISME ANARCHIQUE

Nous désignerons sous le nom assez vague de *socialisme anarchique* un ensemble confus d'attaques plus ou moins violentes, sans doctrine, et inspirées uniquement par la passion et par la haine, non pas précisément contre la propriété, mais contre la richesse, et qui se réduisent toujours à la vieille et éternelle querelle du riche et du pauvre. Rien de plus monotone ; les noms seuls et les circonstances varient, et c'est le nombre de ces documents qui en fait l'importance.

Dès le commencement de la Révolution, on voit paraître des pamphlets et des écrits divers d'un caractère menaçant[1]. Dans les *Quatre Cris d'un patriote*, on demande à quoi peut servir une constitution « pour un peuple de squelettes ; » on demande que l'on force le riche à employer les

---

Voir Levasseur, *Histoire des classes ouvrières*, t III, p. 90.

bras de ses concitoyens que le luxe dévore ; on menace « d'une insurrection terrible et peu éloignée de vingt millions d'indigents sans propriétés ». D'autres pamphlets, par leurs titres seuls, indiquent assez l'esprit qui les anime : *le Cahier du quatrième ordre ; le Cahier des pauvres*. Dans ce dernier écrit, on demandait que « les salaires ne fussent plus calculés d'après les maximes meurtrières d'un luxe effréné ou d'une cupidité insatiable ; que la conservation de l'homme laborieux ne fût pas pour la constitution un objet moins sacré que la propriété du riche ; — qu'aucun homme laborieux et utile ne pût être incertain de sa subsistance dans toute l'étendue du territoire. » On cite encore un *Catéchisme du genre humain*, dénoncé par l'évêque de Clermont au comité des recherches. Il y était dit que « le mariage était la propriété de la femme par l'homme, propriété aussi injuste que celle des terres ; » et l'on y demandait le partage des biens et la communauté des femmes[1].

Parmi les pamphlets de ce genre[2], il en est un curieux et assez piquant intitulé : *Je perds mon état ; faites-moi vivre*. Ce pamphlet contient en apparence la pure doctrine du communisme. Mais nous nous demandons si le vrai sens en est le sens apparent que nous venons d'indiquer, ou s'il n'y

---

[1] Buchez, *Histoire parlementaire de la Révolution*, t. III, p. 283.

[2] Amédée Le Faure, *Le Socialisme pendant la Révolution*. M. Le Faure considère ce pamphlet comme une œuvre socialiste. Nous ne sommes pas de cet avis.

faudrait pas voir plutôt un pamphlet royaliste,
protestant par une démonstration par l'absurde, et
d'une manière ironique, contre les destructions de
l'assemblée Constituante : « Faites un partage des
terres, y est-il dit ; vous m'enlevez ce qui me tenait
lieu de propriété ; donnez-moi de la terre. » N'était-
ce pas comme si l'on eût dit : Toute atteinte à la
propriété va droit au communisme? « Au lieu d'une
terre, j'ai acheté une charge ; la belle raison pour
être ruiné! Je pouvais faire des fagots ; j'ai appris
la bijouterie ; donc je dois mourir de faim! » N'é-
tait-ce pas dire qu'en frappant le luxe on frappait
la propriété de ceux qui en vivent? C'est là plutôt,
à notre avis, une protestation contre les ruines faites
par la Révolution qu'un appel au socialisme. C'est
ce qui se voit encore dans le dilemme suivant :
« Tout est-il à votre disposition, donnez de quoi
vivre à tout le monde. Si vous ne pouvez pas disposer de tout, pourquoi de ma chose plutôt que de
celle de mon voisin? Je gagnais avec le duc, le
marquis et le baron. C'était là ma fortune. Vous
dites que la propriété est inviolable. Pourquoi
prenez-vous les biens du clergé? Laissez-moi mon
état; c'est aussi ma propriété! » Une fois que la
propriété a été atteinte dans quelques-uns, elle est
menacée chez tous : « Transportez-vous à Sparte;
faites des lots et renouvelez-les tous les ans [1]. Nous
sommes frères par la nature ; nous devons l'être

---

[1] Le prétendu partage des terres à Sparte a joué un grand
rôle dans les théories sociales de la Révolution. On trouvera
la réfutation de cette opinion historique dans un mémoire

par la fortune. » Cette conclusion, communiste en apparence, n'est donc pas, selon nous, la vraie conclusion de l'auteur. Ce n'est qu'une réfutation indirecte des décrets de l'assemblée Nationale contre les droits féodaux, les dîmes, la vénalité des charges et les biens du clergé.

Parmi les représentants les plus notoires d'un socialisme sauvage, sans principes et sans idées, il est assez naturel de rencontrer Marat, l'ami du peuple. La question sociale n'est pas difficile pour lui : « Ou il faut étouffer les ouvriers, disait-il, ou il faut les nourrir. — Mais à quoi voulez-vous les employer? — Employez-les comme vous voudrez. — Avec quoi les paiera-t-on? — Avec les appointements de M. Bailly. » (*Ami du peuple*, 28 mars 1790.) On connaît cette célèbre invitation au pillage, qui fut l'occasion de son arrestation à la Convention : « Quand les lâches mandataires du peuple encouragent au crime par l'impunité, on ne doit pas trouver étrange que le peuple se fasse lui-même justice... Le pillage de quelques magasins à la porte desquels on pendrait les accapareurs mettrait fin à leurs malversations.. » (25 février 1793.) — Un boulanger avait été pillé et massacré par le peuple. Marat avouait qu'il ne fallait pas applaudir à cette exécution « barbare; » mais il ajoutait : « C'est un mal pour un bien.... le lendemain de sa mort, on avait aisément du pain, grâce à la peur qui a saisi

remarquable et décisif de M. Fustel de Coulanges, lu à l'Académie des sciences morales et politiques (janvier 1880).

ses chers confrères. » Ce n'est pas que Marat n'eût quelquefois d'assez bonnes idées. Ce qu'il dit par exemple sur le cours forcé des assignats (17 avril 1790) s'est trouvé parfaitement vérifié : « Ou l'on aura confiance, ou l'on n'aura pas confiance, disait-il ; si l'on a confiance, il est inutile de les forcer ; si l'on n'y a pas de confiance, ils tomberont dans un discrédit funeste. *Ce sera le système de Law ressuscité.* » Son esprit confus et mal équilibré le fait quelquefois prendre parti pour les mesures réactionnaires. Il est contre la vente des biens du clergé, et, comme le côté droit, il défend le droit des pauvres. Il est contre l'abolition des maîtrises et des jurandes, et demande des preuves de capacité : « Dans vingt ans, dit-il, on ne trouvera pas à Paris un ouvrier qui sache faire un chapeau ou une paire de souliers. » (17 mars 1791.) Il va jusqu'à dire que « les ouvriers sans talents ne doivent jamais devenir maîtres. » D'un autre côté, il ne tarit pas en divagations déclamatoires contre les « sangsues du peuple » et les fripons qui « s'engraissent de ses sueurs et qui boivent son sang dans des coupes d'or. » — « Dieu des armées, s'écrie-t-il dans un mouvement d'éloquence sauvage, si jamais je désirais un instant me saisir de ton glaive, ce serait pour *rétablir les saintes lois de la nature.* »

Faut-il maintenant compter parmi les socialistes, Chaumette pour avoir demandé que l'on plantât tous les jardins de Paris en pommes de terre et qu'on interdît la fabrication des pâtés parce que le peuple manquait de pain ? Devons-nous appeler

socialiste la proposition qui fut faite à la Convention
d'un « carême révolutionnaire », proposition appuyée par le boucher Legendre pour des raisons
professionnelles, et qui demandait qu'on protégeât
la viande de boucherie comme on protège le gibier,
dans l'intérêt de la reproduction : « On mange,
disait-il avec indignation, le père, la mère et
l'enfant! », ou encore la proposition d'un abonné
dans le journal de Brissot, *le Patriote*, qui demande
l'abolition des successions collatérales et l'exemption d'impôts sur le strict nécessaire[1]; celle de
Lequinio (*Richesse de la République*, 1792), qui
demande que « les marais desséchés soient divisés
entre les travailleurs »; celle de la Vicomterie (*la
République sans impôts*), qui demande la suppression de l'impôt forcé, les fonctions du gouvernement devant s'accomplir par des associations libres?
Ce sont là des rêves assez innocents. Mais on ne
méconnaîtra pas les caractères du socialisme anarchique dans ces paroles de Chaumette : « Nous
avons détruit les nobles et les capets; il nous reste
encore une aristocratie à renverser, celle des
riches »; ou dans ces paroles du lyonnais Chalier,
dont l'imagination exaltée et extravagante avait sé-
duit Michelet[2] : « Riches insouciants qui ronflez
sur l'ouate, réveillez-vous, secouez vos pavots; la
trompette sonne! Aux armes! Vous vous frottez les

[1] Buchez, t. XXII, p. 319.
[2] Michelet, *Histoire de la Révolution*, t. VI p. 187. — Voir
aussi sur Chalier, *Mémoires sur Lyon*, par l'abbé Guillon,
p. 445.

yeux, vous bâillez. Il vous en coûte de quitter cette couche parfumée, cet oreiller de roses? — Est-ce un crime de goûter des plaisirs légitimes? — Oui, tout plaisir est criminel quand les sans-culottes souffrent. » Tallien, également, le héros de Thermidor, eut aussi son moment de socialisme. Il voulait « l'égalité pleine et entière; » il proposait « d'ameuter la misère contre le superflu dangereux de l'opulence; » enfin il demandait qu'on envoyât au fond des cachots les propriétaires, qu'il appelait les *voleurs publics*, « afin que le peuple pût jouir de l'aisance qu'il avait méritée par son énergie et par ses vertus[1]. » Dans *les Révolutions de Paris* (nᵒˢ 81, 82), Loustalot tenait un langage semblable : « Ce sont les pauvres qui ont fait la Révolution; mais ils ne l'ont pas faite à leur profit » ; et il annonçait avant dix ans « une révolution qui aurait pour objet les lois agraires ». Un autre révolutionnaire. Prud-homme (*Révolutions de Paris*, septembre 1792), détournait les pauvres du pillage en disant que le moment n'était pas encore venu : « Et vous, honorables indigents, disait-il, apprenez que la saison n'est pas venue de frapper l'aristocratie des riches. Un jour viendra, et il n'est pas loin, ce sera le lendemain de nos guerres; un jour, le niveau de la loi réglera le niveau des fortunes. » Enfin l'hébertisme, condamné pour cause d'athéisme et de démagogie, n'était pas exempt de tendance au

---

1 Tallien, cité par Babeuf, dans *la Tribune du peuple*, nᵒ 35.

communisme, comme on le voit par cet article de
la Déclaration des droits, opposée à celle de Robespierre et portée au club des jacobins : « Les sans-
culottes reconnaissent que tous les droits dérivent
de la nature. Les droits naturels des sans-culottes
consistent dans la faculté de se reproduire, de
s'habiller et de se nourrir et dans la jouissance et
l'usufruit des biens de la terre, notre mère commune[1]. » Dans certains écrits, on voit attaquer le
droit à l'oisiveté : « Je pose en principe, dit un
membre fort inconnu de la Convention nationale,
Fr. Dupont, que nul individu dans la République
ne doit exister sans travailler. » Le même demandait que « l'oisiveté et l'ignorance fussent déclarées
des délits » et que tout citoyen fût tenu « d'exercer
un art ou une profession. » Dans un journal qui ne
passe pas pour trop révolutionnaire, *l'Ami des lois*,
on rencontre la doctrine si chère aux socialistes les
plus récents, à savoir que chacun doit être copro-
priétaire de son produit : « Pourquoi celui qui
travaille le fer avec lequel le laboureur ouvre le
sein de la terre, celui qui bâtit la maison qu'il
habite, celui qui file et tisse la toile et le drap dont

---

[1] Buchez. t. XXVI, p. 107. On remarquera qu'il y eut alors
quatre projets différents de déclaration des droits : 1º celle
de Condorcet et des girondins, qu'on discutait encore lors du
31 mai ; 2º celle de Robespierre, opposée à celle-là et ren-
voyée au comité de constitution ; 3º celle des hébertistes,
dont nous venons de citer un fragment ; 4º celle de 93, qui
fut votée après le 31 mai, et qui est très différente, nous le
verrons, de celle de Robespierre et aussi de celle de Condorcet.

il se couvre, n'aurait-il pas droit aux fruits du champ qu'il cultive? Ne deviennent-ils pas copropriétaires de ce champ par l'avance qu'ils lui font des travaux dont il ne peut se passer? » Et le même article concluait que « la propriété n'est qu'une règle d'ordre et de convenance ».

Les deux documents de ce temps les plus étendus qui témoignent d'un socialisme quelque peu systématique, quoique encore des plus grossiers, sont d'une part le discours d'Armand (de la Meuse) au club des Jacobins, et de l'autre une *Instruction* contresignée par Fouché et Collot d'Herbois après la prise de Lyon et adressée à tous les comités révolutionnaires [1]. Le discours d'Armand (de la Meuse) pose avec une certaine précision le problème social ; il anticipe sur Babeuf et sur les socialistes modernes. Il ne suffit plus de faire la révolution dans les esprits ; il faut la faire « dans les choses ». — « Libre aux beaux esprits de s'enivrer de liberté et d'égalité ». Il ne s'agit plus d'égalité devant la loi : c'est là « une séduction politique » ; c'est « une égalité mentale » dont le pauvre jouissait tout aussi bien dans l'état de nature. Mieux valait pour lui y rester, disputant sa subsistance dans les forêts ou au bord de la mer [2]. L'orateur

---

[1] Le discours d'Armand (de la Meuse) est rapporté dans *le Socialisme pendant la Révolution*, de M. Amédée Le Faure. L'Instruction se trouve dans les *Mémoires pour servir à l'histoire de Lyon*, de l'abbé Guillon, t. II, p. 359.

[2] On reconnaît ici les quatre droits naturels de Ch. Fourier : le droit de chasse, de pêche, de cueillette et de pâture.

laissait en suspens la question de savoir si, en droit naturel, il peut y avoir des propriétaires, et si tous les hommes n'ont pas un droit égal à la terre et à ses productions. Mais sans résoudre cette question (et l'on voit bien qu'au fond elle est résolue), il reproche aux assemblées républicaines de n'avoir pas marqué les limites du « droit de propriété ». Ce n'était là cependant encore qu'un discours sans action pratique. Il n'en est pas de même des principes émis ou autorisés par le célèbre Fouché, futur duc d'Otrante, qui, à deux reprises, à Anvers et à Lyon, a ouvert la voie à ce que l'on a appelé depuis la révolution sociale. Voici, par exemple, l'arrêté pris à Anvers, quand il y était à titre de proconsul (2 septembre an II) : « Considérant, disait-il, que l'égalité ne doit pas être une illusion trompeuse, que tous les citoyens doivent avoir un droit égal aux avantages de la société, — arrête : Tous les citoyens inférieurs, les vieillards, les orphelins indigents seront logés, vêtus et nourris aux dépens des riches ; les signes de la misère seront anéantis ; la mendicité et l'oisiveté seront proscrites ; il sera fourni du travail aux citoyens valides ». Cependant, ceux qui cherchent les choses au-dessous des mots verront facilement que, dans cet arrêté, les considérations les plus révolutionnaires ne servent après tout qu'à colorer des mesures très simples et très ordinaires, semblables à celles que prennent tous les gouvernements en temps de misère, ou dans un un intérêt d'ordre public. Ce sont des mesures d'assistance publique, des mesures contre la men-

dicité, car à quoi reconnaîtra-t-on l'oisiveté? enfin
des promesses vagues de travail. Les principes de
l'arrêté appartiennent bien à l'école du socialisme,
mais d'un socialisme encore assez vague et passablement innocent. Il n'en est pas de même de
l'*Instruction sur Lyon*[1], c'est l'expression du socialisme le plus sauvage et le plus haineux. L'antithèse banale et déclamatoire du pauvre et du riche
est développée avec complaisance et diffusion :
« Ils ont vu, disent-ils, que celui dont les mains
robustes donnaient du pain à leurs concitoyens
souvent en manquait lui-même, et l'arrosait de ses
larmes plus que de ses sueurs... Ils ont vu dans
les maisons de la richesse, de l'oisiveté et du vice
tous les raffinements d'un luxe barbare; ils ont vu
prodiguer l'or aux sangsues du peuple, à des scé-
lérats couverts d'opprobre et engraissés de la
substance des malheureux ». S'adressant aux riches, on leur disait : « Vous avez osé sourire avec
mépris à la dénomination de sans-culottes; vous
avez eu du superflu à côté de vos frères qui mou-
raient de faim ». Suivant les auteurs de la circu-
laire, le moment était venu de faire un nouveau
pas dans la révolution, un nouveau changement,
« une révolution *totale*. ». En conséquence, on établissait une taxe sur les riches. Il ne s'agissait plus

---

[1] Cette Instruction n'est pas précisément l'œuvre de Fouché
et de Collot-d'Herbois. Elle est l'œuvre de la *Commission tem-
poraire de surveillance républicaine* (Duhamel, président;
Perrotin, vice-président; Vert, procureur général). Mais elle
a été *approuvée* par Fouché et Collot-d'Herbois.

« d'exactitude mathématique, » ni de scrupule timoré. — « Agissez en grand ; en effet, tout superflu est une violation du droit du peuple. » Quel est ce superflu ? Ce sont : « des amas ridicules de draps, de chemises, de serviettes, de souliers. De quel droit garderait-on dans son armoire ces vêtements superflus ? » Ce ne sont pas seulement ces objets utiles, mais surabondants, qu'il faut requérir ; ce sont encore « ces métaux vils et corrupteurs que dédaigne le républicain ; » en conséquence, « ils doivent s'écouler dans le trésor national. »

Parmi les personnages importants de la Révolution, il y en avait un qui, bien avant 1789, avait écrit un livre contre la propriété, et qui depuis, revenu à des idées plus sages, fut assez embarrassé de se défendre contre ceux qui le lui reprochaient. C'est encore là un épisode curieux de l'histoire de la propriété pendant la Révolution.

C'est en 1778 ou 1780 que Brissot de Warville avait publié le livre intitulé : *Recherches philosophiques sur la propriété et sur le vol*. Cet ouvrage, écrit sans aucun talent, comme tous ceux de Brissot [1], n'a d'autre mérite que l'audace brutale des principes et l'intempérance sans limites des conclusions. Veut-on savoir ce que c'est que la propriété ? le voici : « Tous les corps vivants ont le droit de se détruire les uns les autres : voilà ce qu'on appelle propriété. C'est la faculté de détruire un

---

[1] Un autre ouvrage de Brissot, intitulé *la Vérité*, est la pauvreté même.

autre corps pour se conserver soi-même. » Quel est
le titre de ce droit? « C'est le besoin. » Ainsi enten-
due, la propriété est une loi universelle de la
nature. Non seulement les hommes, mais les animaux et les végétaux eux-mêmes sont propriétaires. Pour soutenir ce paradoxe, Brissot entre
dans la métaphysique et se croit obligé de défendre
la thèse de la sensibilité végétale. La propriété
étant fondée sur le besoin, elle s'étend aussi loin
que le besoin lui-même, et par conséquent elle
s'étend à tout, et le droit est réciproque :
« L'homme a droit sur le bœuf, le bœuf sur l'herbe
et l'herbe sur l'homme. C'est un combat de propriétés. » De là une question incidente : L'homme
a-t-il le droit de se nourrir des végétaux? A-t-il le
droit de se nourrir d'animaux? Enfin Brissot va
jusqu'à poser cette question : L'homme a-t-il le
droit de se nourrir de chair humaine? Le droit à
l'anthropophagie est sinon énoncé, au moins indiqué comme la conclusion de cette affreuse discussion. Bref, le droit de propriété est universel, non
exclusif. C'est là « la vraie propriété, la propriété
sacrée ». La possession ne fonde aucun droit. « Si
le possesseur n'a aucun besoin et si j'en ai, voilà
mon titre qui détruit la possession. » S'il y a besoin
de part et d'autre, « c'est une affaire de statique »;
en d'autres termes, c'est le droit du plus fort. Ce
droit primitif est universel et inaliénable. Car ou
celui qui l'aliénerait aurait des besoins, ou il n'en
aurait pas. S'il en a, il viole la loi de la nature en
vendant son droit : s'il n'en a pas, que peut-il

vendre n'ayant pas de besoins? Rien; car il n'est
maître de rien. S'il en est ainsi, nul n'a jamais eu
le droit de s'approprier quoi que ce soit à l'exclusion des autres. De là un renversement de toutes
les idées reçues sur le vol et la propriété. Dans
l'état naturel, « le voleur, c'est le riche. *La propriété exclusive est un vol.* » Au contraire, dans la
société, on appelle voleur celui qui dérobe le riche :
« Quel bouleversement d'idées! » On voit par ces
textes que le célèbre axiome de Proudhon ne lui
appartient pas [1]. L'a-t-il emprunté à Brissot, en
vertu du droit naturel que chacun a droit à tout,
ou l'a-t-il trouvé une seconde fois? Nous ne pouvons répondre à cette question. Mais la priorité de
Brissot est incontestable. Il semble hésiter un instant devant les conséquences possibles des principes précédents : « Ce n'est pas, dit-il, qu'il faille
autoriser le vol; mais ne punissons pas si cruelle-
ment les voleurs ». Soit; mais ce n'est là qu'une
réserve passagère, et dont aussitôt la conséquence
vraie, inévitable, éclate sans aucune restriction :
si l'homme conserve (comme on l'a vu) le privilège
ineffaçable de la propriété, ceux qui en sont privés
sont les maîtres d'exiger des autres propriétaires
de quoi remplir leurs besoins. « Ils ont droit sur
ces richesses; ils sont maîtres d'en disposer en pro-

---

[1] C'est, croyons-nous, M. Sudre, qui, dans son *Histoire du
communisme* (1849), a le premier fait connaître le livre de
Brissot et l'origine du mot de Proudhon. La *Biographie
universelle* ne cite pas même l'ouvrage de Brissot dans sa
partie bibliographique.

portion de ces besoins. » La force qui s'oppose à leur droit n'est que « violence. » On voit qu'il ne s'agit plus même ici d'une réforme légale de la propriété : car toute réforme, fût-elle communiste, porterait atteinte au droit primitif et inaliénable de chacun. Il ne s'agit plus ici que du droit au vol. C'est le dernier degré de la sauvagerie et de l'anarchie.

On comprend, après la lecture de ces textes, combien Brissot, devenu sous la Convention un personnage important et l'un des chefs du parti modéré (il avait voté contre la mort du roi), combien, dis-je, il dut être embarrassé, et combien le souvenir de cet écrit insensé dut lui être à charge. Ses adversaires royalistes ne lui épargnaient point ce souvenir. Il fut attaqué dans le *Journal de Paris* (le journal d'André Chénier, de de Pange, de Roucher), le 6 mai 1792 [1]. Il n'était pas difficile de faire voir ce que de telles doctrines avaient de subversif et de périlleux dans les circonstances d'alors. Brissot essaya de se justifier, mais, il faut l'avouer, par d'assez mauvaises raisons. Il se plaint qu'on ait appliqué à l'état social ce qu'il avait dit de l'état de nature ; — que l'on ait supprimé les passages où il condamnait le vol ; — qu'on lui impute un pamphlet inconnu et oublié, paru en 1778, pour en conclure qu'il veut bouleverser la société en 1792 ; — qu'on ait choisi pour réveiller le souvenir

___

[1] L'auteur était l'abbé Morellet. On le retrouve dans ses *Mélanges* (t. III. p. 294).

de ce pamphlet le moment où l'on ne cesse d'alarmer les Français sur le respect des propriétés. L'abbé Morellet répliqua d'une manière victorieuse : La distinction de l'état de nature et de l'état social ne signifie rien, puisque l'auteur déclare que le droit primitif est inaliénable, que la renonciation en serait nulle, que nul ne serait tenu de l'observer ; — l'inconséquence et l'incohérence dont l'auteur se targue pour se défendre ne sont que des extravagances de plus ; — M. Brissot avait déjà trente-quatre ou trente-six ans en 1778 ou 1780 [1] ; ce livre n'est donc pas un ouvrage de jeunesse ; — enfin, on ne pouvait choisir une époque plus opportune que celle de l'anarchie sociale où était la France pour signaler les doctrines de ceux qui tiennent le timon.

Les faits précédents suffisent à faire la part du socialisme anarchique et démagogique pendant la Révolution. Beaucoup d'autres documents analogues pourraient être recueillis, mais deviendraient insipides par la répétition monotone des mêmes idées. Passons maintenant à ce qu'on pourrait appeler le socialisme officiel et gouvernemental, ou plutôt cherchons s'il y en a eu un.

---

[1] Morellet paraît douter que ce livre soit de 1778 ; il indique la date de 1780. Brissot peut avoir reculé la date pour se rajeunir et faire paraître l'ouvrage plus innocent.

CHAPITRE III

Nous appelons du nom de socialisme officiel ou doctrinaire celui qui a pu avoir sa part dans le gouvernement révolutionnaire et qui s'est présenté sous l'apparence d'une doctrine. On s'en est beaucoup exagéré l'importance. MM. Buchez et Louis Blanc ont cru à une Convention communiste et socialiste, ayant eu le pressentiment et même le dessein d'une révolution sociale, qui devait modifier profondément les bases de la propriété. M. Edgar Quinet a réfuté cette théorie dans son livre sur la Révolution. L'examen des faits doit nous apprendre qui a raison dans ce débat. Nous considérerons surtout la doctrine de ceux qui ont eu la plus grande part dans le gouvernement de cette époque : Saint-Just, Barère et Robespierre, et de quelques autres conventionnels influents.

De ces différents personnages, Saint-Just est celui qui s'est le plus approché de ce que nous

appelons socialisme ou communisme. Mais il faut
distinguer dans Saint-Just deux formes de socialisme : l'un utopiste et purement littéraire, exposé
dans son écrit sur *les Institutions républicaines;*
l'autre pratique et plus ou moins explicite, qui
ressort de ses discours à la Convention.

Les Institutions républicaines de Saint-Just sont
une utopie sans aucune originalité, qui vient s'a-
jouter à toutes celles du même genre : *la République* de Platon, l'*Utopie* de Thomas Morus, *la
Cité du soleil* de Campanella, la *République de
Salente* de Fénelon, *le Code de la nature* de Morelly.
C'est une conception enfantine d'un ordre social
imaginaire, plus ou moins calquée sur la fausse
idée que l'on se faisait alors de Lacédémone, et qui
n'a d'autre trait distinctif que le ridicule. C'est ainsi,
par exemple, qu'il prescrit, contre la loi des cli-
mats, « que les enfants devront être vêtus de toile
dans toutes les saisons ». C'est ainsi que, considérant la chair des animaux comme un luxe corrup-
teur, il exige que « les enfants ne vivent que de
racines, de fruits, de légumes, de laitage, de pain
et d'eau ». Quant aux adultes, ils ne devront
manger de viande que trois jours par décade. Il
méprise l'éloquence, et, comme les Lacédémoniens,
il veut qu'on institue « un prix de laconisme »,
prix qui devait être décerné à celui qui aurait prononcé « une parole sublime ». Il prétend qu'un
peuple vertueux et libre ne peut être qu'agri-
culteur, « qu'un métier s'accorde mal avec le véritable citoyen ». Tout propriétaire devait rendre

compte tous les ans dans les temples de l'emploi
de sa fortune.

Quant à l'organisation de la propriété elle-même,
il supprime les successions collatérales et le droit
de tester ; et il va jusqu'à la loi agraire : « L'opulence est une infamie. Il ne faut ni riches ni
pauvres. » Il faut « donner des terres à tout le
monde » et détruire la mendicité par la distribution des biens nationaux. Le domaine public n'était
établi que pour « réparer l'infortune des membres
du corps social »! Il étendait tellement le nombre
des indemnités, que ce nombre finissait par comprendre presque tout le monde : par exemple, les
soldats mutilés, ceux qui ont nourri leur père et
leur mère, ceux qui ont adopté des enfants, ceux
qui ont plus de quatre enfants, les vieux époux, les
grands hommes et ceux qui se sont sacrifiés pour
l'amitié.

Toutes ces conceptions puériles appartiennent,
il est vrai, à la pure théorie ; mais il est certain
que Saint-Just aurait essayé, s'il eût vécu et gouverné plus longtemps, d'en faire passer le plus
possible dans la pratique. C'est lui qui, dans ses
discours de ventôse, exprimait cette maxime,
reprise depuis et invoquée par Babeuf : « Le bonheur est une idée neuve. » De quel bonheur
s'agissait-il ? « Ce n'est pas celui de Persépolis ;
c'est celui de Sparte et d'Athènes » ; c'est « la vo-
lupté d'une cabane », comme si Athènes ne se
composait que de cabanes. Dans le même discours,
il inaugurait contre les oisifs les accusations re-

nouvelées plus tard par le saint-simonisme : « Obli-
gez, disait-il, tout le monde à faire quelque chose.
Quel droit ont dans la patrie ceux qui n'y font
rien ? » Il demandait expressément sinon le partage
des terres, au moins la confiscation des uns au profit
des autres : « Les propriétés des patriotes sont
sacrées, disait-il ; mais les biens des conspirateurs
sont là pour tous les malheureux ! » Enfin il énon-
çait cette maxime, qui fut encore un des articles
de foi du babouvisme : « Les malheureux sont les
puissants de la terre ; ils ont le droit de parler en
maîtres. »

Ces maximes ne restèrent pas à l'état de pure
théorie. Saint-Just les fit traduire en décrets qui
furent votés à l'unanimité par la Convention nationale, sans jamais avoir été exécutés [1]. On déclara,
par décrets du 8 ventôse, « les propriétés des patriotes inviolables. » On mettait sous séquestre les
biens des ennemis de la Révolution ; on devait
dresser un état des patriotes indigents. Enfin le
Comité de salut public était invité à faire un rapport
sur « les moyens d'indemniser les uns avec les biens
des autres ». C'étaient là des mesures plus révolutionnaires que théoriquement socialistes. La confiscation était une loi sociale qui avait toujours été
reconnue dans tous les temps, et le gouvernement
royal ne s'était pas fait scrupule de récompenser
souvent les uns avec les biens des autres. Tout cela

---

[1] Ces décrets de ventôse furent l'objet des revendications
de Babeuf et le point de départ de son entreprise.

était brutal et violent, mais sans effet pratique : car l'État était trop pauvre et avait trop de besoins pour donner des terres pour rien. Il se contentait de les vendre à bas prix, parce qu'il ne pouvait les vendre cher faute de sécurité; c'est ainsi qu'une nouvelle classe de propriétaires fut créée; mais, en définitive, ce ne furent pas les indigents qui profitèrent de cette aubaine; ce furent ceux qui, ayant déjà quelques économies, osèrent acheter des terres, en courant le risque de la restitution et du châtiment.

Ce fut un autre membre du Comité de salut public, ce fut Barère qui fut chargé de surveiller l'application des décrets de ventôse. Il nous apprend (22 floréal an II) que ces décrets avaient été pris très peu au sérieux; qu'un grand nombre de municipalités étaient en retard; que les autres avaient envoyé des états irréguliers. Les indigents eux-mêmes, bien loin de croire qu'il s'agissait de les enrichir, s'imaginaient qu'on levait ces état pour les envoyer dans la Vendée. Bref, ce rapport de Barère sur l'assistance publique se réduit à indiquer quelques moyens pour interdire la mendicité. Le seul procédé qui dépassât cette mesure, c'était la proposition « d'une répartition ou *adjudication* (il ne s'agit plus de don gratuit), à titre de récompense ou de vente à long terme ». On voit que tout devait aboutir à des ventes de biens nationaux.

Cependant il s'est présenté à la Convention deux questions où elle s'est avancée d'un peu plus près sur le terrain du socialisme. C'est, d'une part, la

question des subsistances et des accaparements, de
l'autre, la question du maximum[1]. Il était inévitable que, dans ces deux discussions, des maximes
socialistes fussent prononcées, et les résolutions
prises avaient elles-mêmes quelque chose de socialiste. Cependant, même dans ces deux cas, il ne
faut rien exagérer. Dans la question des subsistances, le débat était entre la liberté du commerce des
blés et les restrictions de ce commerce par l'autorité. Or, les restrictions du commerce étaient de
tradition dans l'ancien régime; seulement on y
joignait ici des sentiments socialistes. Le député
Fayo disait que « les pourvoyeurs du peuple français devaient être non les négociants en blés, mais
les administrateurs, les législateurs ». Il demandait
« de briser les serrures, ou plutôt d'ouvrir les
portes des accapareurs ». C'était, disait-on, violer
le droit de propriété. « Mais est-il un citoyen qui
ait quelque chose à lui quand ses frères meurent
de faim? » Il répétait, après les pères de l'église,
que « les riches sont les économes des pauvres »;
il citait l'exemple des armées affamées en pays
ennemi. Devraient-elles respecter « cette prétendue
liberté de la propriété »? Robespierre parle dans
le même sens. Il dit que « le blé n'est pas une
marchandise ordinaire ». Il y a une différence
entre le commerce du blé et celui de l'indigo.
Toujours même antithèse entre celui qui entasse

---

[1] Voir sur ces deux questions Levasseur, *Histoire des
classes ouvrières*, t. III, chap. IV.

des monceaux de blé et son semblable qui meurt
de faim. Il déclarait que « le premier des droits est
celui d'exister ». Enfin, tout en accordant, disait-il,
aux riches « un profit honnête », il ne voulait leur
enlever que le droit « d'attenter à la propriété d'autrui ». Ces doctrines étaient combattues. Un autre
membre de la Convention, Lequinio, essaya de
défendre des idées plus saines. Il fit remarquer que
c'étaient précisément l'agitation, les menaces contre
les fermiers, les mesures violentes qui empêchaient
le blé de circuler : « Appelez-vous accaparement la
réserve des blés? J'avoue que l'accaparement existe.
Mais qui le produit? C'est la frayeur. » Il signalait
ce fait remarquable que les cris de disette ne
venaient pas des départements où le blé manquait,
mais de ceux, au contraire, où il était en abondance, parce que là où il manque, on ne parlait pas
d'accapareurs. A force d'agitations, on avait fini
par étouffer le commerce des grains et stériliser le
sol de la République. Le moyen d'empêcher l'accaparement, c'est de favoriser le commerce. Saint-
Just vint à son tour se mêler à la discussion. Il y
prononça, suivant son usage, un discours in-
cohérent, saccadé, vague et mystérieux, sous forme
d'oracles sibyllins, sans aucun sens pratique et
même sans aucun rapport avec le sujet. « Tout le
monde, dit-il, veut de la république; mais personne ne veut de la pauvreté et de la vertu. La
liberté fait la guerre à la morale et veut régner en
dépit d'elle. Il faut que le législateur fasse en sorte
que le laboureur ne répugne pas à amasser du pa-

pier. Il faut équipoller les signes, les produits et les
besoins. Il faut une constitution : on ne peut faire
de lois particulières contre les abus; l'abondance
est le résultat de toutes les lois. » Au milieu de ces
déclamations vagues, il glissait cependant un bon
conseil : « Le vice de notre économie étant l'excès
du signe, il faut créer le moins de monnaie possible. » Puis il terminait par son *Delenda Carthago :*
« Les abus vivront tant que le roi vivra. »

La Convention se déclara contre les accaparements, c'est-à-dire contre la liberté des grains : c'é-
tait une erreur économique. Mais il faut reconnaître
qu'elle pouvait invoquer en sa faveur de grandes
autorités qui n'étaient pas suspectes d'anarchie.
Les principes de la Convention en cette circonstance
n'étaient autres que les principes mêmes établis
par Necker dans son livre sur la *Législation et le
commerce des grains.* Ces principes étaient tout aussi
bien ceux du protectionisme que du socialisme,
deux doctrines si voisines l'une de l'autre. Necker
avait écrit son livre contre Turgot à l'époque où
celui-ci voulait supprimer en France les douanes
intérieures. Il soutenait que le blé était un produit
d'une nature particulière qui échappait par son
essence même aux lois ordinaires de l'échange. Il
mettait en opposition les trois intérêts du propriétaire, du marchand et du peuple. Le propriétaire ne voit dans le blé que le fruit de ses soins; le
marchand n'y voit qu'une marchandise; le peuple
un élément nécessaire à la consommation; le
seigneur invoque la propriété, le marchand la

liberté, le peuple l'humanité. La discussion entraînait Necker jusqu'à sonder l'origine du droit de
propriété, et il disait comme Rousseau : « Votre
titre de possession est-il écrit dans le code? Avez-
vous apporté votre terre d'une planète voisine?
Non, vous jouissez par l'effet d'une convention. »
Si l'on assujettit le propriétaire à une certaine
restriction, ce n'est pas là une violation du droit de
propriété; c'en est la condition. La propriété héréditaire est « une loi des hommes »; c'est « un privilège »; un abus de la liberté qui peut aller jusqu'à
permettre que la force opprime le faible : or « le
fort dans la société, c'est le propriétaire; le faible,
c'est l'homme nu sans propriété ». Il affirmait que
« les lois prohibitives sont la sauvegarde des
pauvres contre le riche ». Necker résumait le conflit du capital et du travail en termes énergiques
qui nous scandaliseraient aujourd'hui : « Combat
obscur et terrible, disait-il, où le fort opprime le
faible, à l'abri des lois, où la propriété accable le
travail du poids de sa prérogative. » Et en quoi
consistait, suivant lui, cette oppression? « Dans le
pouvoir qu'ont les propriétaires de ne donner en
échange du travail que le plus petit salaire possible. Les uns donnent toujours la loi; les autres
seront toujours contraints de la recevoir. » Il terminait, proclamant le droit à la subsistance :
« Quoi! le souverain pourrait contraindre le peuple
à exposer sa vie pour la défense de l'État, et il ne
veillerait pas à sa subsistance! Il ne modérerait
pas l'abus de la propriété envers l'indigent! » On

le voit, il est impossible de méconnaître dans cet ouvrage de Necker le caractère d'un socialisme inconscient[1], sous forme de protectionisme. Après tout, théorie à part, ces maximes restrictives avaient toujours plus ou moins régi, dans la pratique, le commerce des blés. C'était la liberté qui était nouvelle et révolutionnaire ; c'est la tradition qui était restrictive : la Convention, en adoptant des mesures de ce genre avec une violence qui était dans son tempérament, ne faisait donc que suivre les errements du passé, bien loin d'ouvrir la voie à une société nouvelle. On ne saurait trop dire que le vrai principe de la Révolution a été la liberté de la propriété[2]. Tout ce qui a été fait contre ce principe est un legs du préjugé : ce n'est nullement le pressentiment d'un ordre nouveau.

Il en est de même des lois sur le *maximum*, auxquelles M. Louis Blanc attribue une grande portée et où il voit « une base scientifique aux relations commerciales », qui devait soustraire la vie du pauvre « au despotisme du hasard ». Le *maximum*, s'il avait pu durer, aurait conduit, suivant lui, à une vaste révolution sociale. Cela est fort douteux ; car la question est de savoir si le maximum pouvait durer. On sait d'ailleurs que l'origine du

---

[1] M. Louis Blanc a très bien vu le caractère socialiste de l'ouvrage de Necker, et dans le tome Ier de son *Histoire de la Révolution*, il lui fait une place importante parmi les précurseurs et les apôtres du principe de fraternité.

[2] Voir notre Introduction sur *la Propriété pendant la Révolution française*.

maximum n'a pas été l'intention de faire une révolution sociale, mais le besoin tout pratique de soutenir le cours des assignats : car comment pouvai-
on fixer le prix d'une denrée, sans fixer en même
temps celui de toutes les autres? De là un système
de plus en plus compliqué, qui devait nécessairement succomber sous ses propres excès. Aussi
Barère pouvait-il dire que la « loi du maximum avait
été un piège tendu à la Convention, un présent de
Londres, d'une origine contre-révolutionnaire ».

M. Louis Blanc, pour prouver la tendance socialiste et humanitaire de la Convention, cite tout ce
qu'elle a fait pour les faibles : l'organisation de
l'institut des aveugles et de celui des sourds-muets ;
l'amélioration dans le service des hôpitaux ; la restitution des petits engagements au profit des plus
pauvres tributaires du mont-de-piété ; les décrets
rendus en faveur des enfants, vieillards, défenseurs
de la famille et de la patrie ; l'institution des
comités de santé ; la protection des enfants aban-
donnés ; l'adoption des orphelins par la patrie ; les
maisons destinées aux infirmes. Mais toutes ces
mesures rentrent dans les mesures d'assistance
publique, qui ont été toujours prises avec plus ou
moins de zèle par tous les gouvernements. A ce
compte, il faudrait conclure de l'établissement des
invalides et des enfants trouvés que la révolution
sociale a commencé avec Louis XIV. Il en est de
même des mesures d'instruction publique et d'en-
couragement aux sciences que le même auteur cite
en faveur de sa thèse.

De tous les membres de la Convention, c'est un des plus modérés, Rabaud Saint-Étienne, qui paraît avoir eu l'idée la plus nette et la plus systématique d'une révolution dans la propriété. Encore n'est-ce que dans un article de journal (*Chronique de Paris*, n° 19)[1] et non dans une proposition publique qu'il a exposé son système. Dans cet article, il visait l'égalité de biens, non par la force, mais par les lois. Il s'agissait d'abord de faire le partage le plus égal des fortunes, et en second lieu de créer des lois pour le maintenir, et prévenir des inégalités futures. Pour ce partage, il y avait à considérer : les différentes espèces de propriétés; les différentes espèces d'industries: les moyens de les répartir; l'étendue du pays; le nombre des citoyens. Toutes ces études faites, le législateur devait régier l'usage des biens de manière à rendre le superflu nuisible, à le faire tourner à l'avantage de celui qui en manque, et aussi à l'avantage de la société. On aurait aussi établi un maximum de fortune. Tous ces effets devaient être obtenus par des lois sur les héritages, les testaments, les dots et les donations. On ne peut sans doute méconnaître ici un plan de socialisme égalitaire; mais ce n'était là qu'une vue individuelle et qui n'eut aucune conséquence. Citons enfin, pour ne rien négliger, le plan d'éducation nationale de Michel Lepelletier, qui propo-

---

[1] Buchez, t. XXIII, p. 467. L'article de Rabaud-Saint-Étienne fut réfuté par Rœderer dans le *Journal de Paris*, n° 23.

sait d'établir une « taxe des enfants » à l'instar de la taxe des pauvres qui existe en Angleterre.

Pour compléter et épuiser l'étude de la question posée, il nous reste à rechercher quelles ont été sur ce que nous appelons aujourd'hui la question sociale les vues de l'homme le plus important de la Convention, de celui qui fut alors le vrai chef du gouvernement et qui en a la responsabilité devant l'histoire, de Robespierre. Robespierre appartient-il la pure démocratie ou à la démocratie socialiste ? Selon MM. Buchez et Louis Blanc, le débat sanglant de la gironde et de la montagne, précédé du grand débat parlementaire sur la déclaration des droits, aurait été dans le fond un combat entre la démocratie purement politique et la démocratie sociale. Les girondins n'auraient eu pour principe que l'idée de liberté ; les montagnards avaient un idéal plus élevé dont le mot est fraternité, et c'est dans Robespierre que viendrait se résumer et se condenser cette doctrine. Pour s'en assurer, il suffit de comparer, suivant Louis Blanc, les deux projets de déclaration des droits, l'un de Condorcet, l'autre de Robespierre entre lesquels la Convention eut à se prononcer.

Le projet de Condorcet avait pour caractère de poser le principe de la propriété d'une manière absolue et sans y ajouter aucune restriction. Il établissait que « l'homme est maître de disposer à son gré de ses biens, de ses capitaux, de ses revenus et de son industrie ». C'est ce projet que Robespierre combattit à la Convention et au club des

jacobins [1], et dans ces discours, on peut en effet
démêler une tendance incontestable au socialisme.
A la Convention il déclarait que « la loi agraire est
un fantôme et l'égalité des biens une chimère, »
mais il demandait à « compléter » la théorie pro-
jetée par Condorcet. Il reprochait aux girondins de
n'avoir pas compris que la propriété, comme tous
les autres droits, a besoin d'être « limitée ». En conséquence, il proposait quatre articles additionnels
qui furent votés aux jacobins et que la Convention
renvoya au comité de constitution. Le premier
définissait la propriété « le droit de jouir et de
disposer *de la portion de biens qui est garantie par
la loi* ». Le second déclarait que le droit de propriété est « borné comme les autres » ; dans le
troisième il était dit que ce droit « ne peut préju-
dicier à l'existence de nos semblables », et dans le
quatrième que « toute possession qui viole ce
privilège est illégitime et immorale ». Il demandait
en outre, que la constitution déclarât « que tous
les hommes sont frères », que « celui qui opprime
une nation est l'ennemi de tous les autres », que
« le souverain de la terre est le genre humain ».
Enfin, dans le même discours, il proposait que les
citoyens indigents « fussent dispensés de contribuer
aux dépenses publiques ».

Ce discours, et celui qui fut prononcé par Robespierre aux jacobins à la même époque, étaient

---

[1] La discussion eut lieu aux Jacobins le 21 avril 1793, et
à la Convention le 24 avril.

évidemment une avance faite aux partis extrêmes
de la Convention et même aux hébertistes et à
Anacharsis Clootz. Comment s'expliquer autrement
cette phrase sur « la souveraineté du genre humain » que l'on ne trouve nulle part ailleurs dans
les discours de Robespierre? Nous avons vu plus
haut quelle a été la déclaration de droits des hébertistes. Pour l'emporter sur eux aux jacobins et
pour triompher des girondins à la Convention, il
était nécessaire de rompre avec les doctrines de
ceux-ci. Mais était-ce bien là la vraie pensée de
Robespierre? y est-il resté fidèle et n'a-t-il pas
changé de principe avec les circonstances? C'est
une conjecture que l'on doit à la sagacité d'Edgar
Quinet, et que l'examen des faits vérifie complètement.

En effet, le discours où Robespierre propose de
limiter le droit de propriété à la portion de biens
garantie par la loi est du 24 avril 1793 : c'est le
moment de la grande lutte entre la gironde et la
montagne. Il s'agit d'écraser les girondins. Il était
donc opportun de dénoncer ceux-ci comme partisans d'un droit de propriété illimité qui, suivant
Robespierre, n'était que le droit d'oppression des
riches sur les pauvres. Mais la gironde est vaincue;
un mois après, la discussion sur la constitution
recommence à la Convention. Le projet de déclaration des droits est voté d'enthousiasme le 23 juin :
c'est la déclaration de la constitution de 1793. Que
sont devenus les articles additionnels de Robespierre? Pas un seul n'est entré dans le projet : il n'est

plus question de portion de biens garantie par la loi ;
il n'est plus question de propriété bornée. La définition du droit de propriété est des plus correctes, et
c'est la définition même de Condorcet, si combattue
un mois auparavant [1]. On ne déclara pas non plus
que les hommes étaient frères ; on ne parla plus de
la souveraineté du genre humain. Cependant
Robespierre était là, et il était déjà tout puissant.
Non seulement il ne se plaignit pas qu'on eût mis
de côté toutes ses propositions ; mais il rudoya
sévèrement le côté droit « de n'avoir pas voté avec
enthousiasme ». Comment ne pas voir dans le
premier projet de Robespierre une arme de guerre
que l'on jette après le combat quand elle est devenue
inutile ?

Il en est de même du projet d'exemption d'impôts, que nous avons signalé dans son discours du
24 avril. Le 17 juin, après la chute des girondins, deux députés, Levasseur et Ducos, reprennent
cette proposition. Cette fois, Robespierre la combat
en faisant une vague allusion au discours précédent :
« J'ai partagé un moment, dit-il, l'erreur de Ducos ;
je crois même l'avoir écrit quelque part [2] ; mais
j'en reviens aux principes ; et je suis éclairé par le
bon sens du peuple, qui sent que l'espèce de faveur

---

[1] Voici en effet la définition de la propriété dans la constitution de 93 : « Le droit de jouir et de disposer à son gré
de ses biens et de ses revenus, des fruits de son travail et
de son industrie. » (Déclaration des droits, art. 16.). Où est
la différence avec la définition de Condorcet ?

[2] C'était dans son discours du mois précédent.

qu'on lui présente n'est qu'une injure. En effet, si vous décrétez que la misère exempte de l'honorable obligation de contribuer aux besoins de la patrie, vous décrétez l'avilissement de la partie la plus pure de la nation. » Il affirmait, avec justesse d'ailleurs, que c'était réduire la classe pauvre au rôle d'ilotes. Rien de plus vrai : mais ces considérations ne l'avaient pas frappé tant qu'il s'agissait de discréditer et d'abattre la gironde. Enfin, dans son projet de constitution Robespierre avait proposé l'impôt progressif; et dans la constitution de 93, on ne trouve plus rien de semblable.

Si maintenant on passe en revue tous les grands discours prononcés par Robespierre depuis qu'il fut devenu un homme de gouvernement, on n'y trouvera plus un seul mot entaché de socialisme. Il posera les principes les plus vagues, le gouvernement par la vertu, la morale substituée à l'égoïsme; il défendra l'existence de l'Etre suprême; surtout il menacera les aristocrates; mais de la propriété, de la misère, des riches et des pauvres, pas un mot. On peut supposer, si l'on veut, d'après les papiers trouvés chez Robespierre et quelques notes citées par Courtois dans son rapport[1], que Robespierre

---

[1] Buchez, t. XXX, p. 126-127. « Les dangers intérieurs viennent de la bourgeoisie; pour vaincre le bourgeois, il faut rallier le peuple. — Quels seront nos ennemis? — Les hommes vicieux et les riches. — Quand le peuple sera-t-il éclairé? — Quand il aura du pain, et que l'intérêt du riche sera confondu avec celui du peuple. — Quand sera-t-il confondu? — Jamais. » Notons que ces dernières lignes étaient raturées.

nourrissait au fond de son cœur une pensée de
haine contre la richesse. Mais quelques-unes de ces
notes étaient raturées, et on ne sait quand elles
avaient été écrites ; enfin, elles ne concernent que
la pensée et non les actes. A en juger ostensible-
ment, tout porte à croire, d'après les faits précédents, que le socialisme de Robespierre n'a été
qu'une opinion de circonstance, mais qu'il n'a pas
voulu en faire une doctrine de gouvernement.

Cela est vrai de la Convention tout entière.
Toutes les paroles que nous avons citées sont en
général des déclamations vagues et isolées, non
suivies d'effet. Loin d'avoir la pensée de porter
atteinte à la propriété, la Convention avait décrété
la peine de mort contre quiconque proposerait la
loi agraire (17 mars 1793). Aussi ne doit-on pas
s'étonner de voir un conventionnel, Baudot, dont
Edg. Quinet a eu entre les mains les mémoires
manuscrits, protester contre l'accusation de communisme et de loi agraire portée contre la Convention : « La Convention nationale, disait
Baudot [1], n'avait pas sur la propriété une autre
opinion que celle du code civil ; elle a toujours
regardé la propriété comme la base de l'ordre
social. Je n'ai jamais entendu aucun membre de
cette assemblée prononcer une parole ou faire une
proposition contraire à ce principe. » — « J'étais
opposé à Robespierre, dit-il encore, parce que je
n'ai jamais vu en lui un but déterminé. Il parlait

---

[1] Cité par Quinet (*la Révolution*, t. II, p. 93).

sans cesse de vertu et de bonheur du peuple. Mais ce sont là des mots d'une bien grande étendue. On ne voyait pas où il en voulait venir. » Il y a sans doute exagération à dire qu'on ne trouverait pas dans la Convention une seule parole contre la propriété; mais ce ne sont que des mots ou des actes isolés, le plus souvent de simples divagations déclamatoires. La doctrine officielle, publique, effective, de la Convention a été la doctrine de la propriété individuelle. Le communisme systématique n'avait été soutenu par personne avant Babeuf. C'est en lui qu'il faut étudier cette doctrine; c'est avec lui que commencent ces projets de révolution sociale qu'on a vus si souvent se renouveler depuis.

LIVRE II

LE COMMUNISME AU XVIIIᵉ SIÈCLE ET LA
CONSPIRATION DE BABEUF

La République de Platon a-t-elle eu quelque influence sur le socialisme moderne? On ne serait pas tenté de le croire. Le communisme de Platon est un communisme aristocratique fondé sur des principes autoritaires et théocratiques, imité du système hiératique de l'Égypte ou du système militaire de la Crète et de Lacédémone. Dans *la République* de Platon, la propriété n'est interdite qu'aux classes supérieures et paraît être abandonnée comme un titre d'infériorité aux classes laborieuses : au moins Aristote l'a-t-il compris ainsi, car il en tire une objection contre Platon : et avec son grand sens politique, il dit que, si les classes inférieures ont la propriété, elles auront bien vite la souveraineté, car l'une suit l'autre. Le communisme moderne au contraire est essentiellement

démocratique. C'est dans l'intérêt de tous, et surtout des classes pauvres, qu'il est revendiqué par
les novateurs. La propriété n'est plus seulement,
comme dans Platon, interdite aux classes supérieures : elle est mise entre les mains de l'État,
c'est-à-dire du plus grand nombre, afin que chacun
ait sa part et profite de ce qui est enlevé aux
riches et aux puissants. On voit qu'il n'y a rien de
plus éloigné de Platon que Babeuf, malgré l'identité nominale des deux doctrines. Cependant entre
l'un et l'autre il y a un intermédiaire direct : c'est
l'abbé de Mably, l'un des écrivains du xviii° siècle
qui ont eu le plus d'influence à l'époque de la
Révolution; mais avant de parler de Mably, disons
quelques mots de son maître, Jean-Jacques Rousseau.

CHAPITRE PREMIER

LE SOCIALISME DANS LA PHILOSOPHIE
DU XVIIIe SIÈCLE

Jean-Jacques est incontestablement le fondateur du communisme moderne. Jusqu'à lui, les attaques à la propriété et les hypothèses communistes n'étaient que théoriques et très rares d'ailleurs. C'est de lui qu'est née cette haine contre la propriété et cette colère contre l'inégalité des richesses qui alimentent d'une manière si terrible nos sectes modernes. Pascal avait bien écrit avant lui : « Ce chien est à moi, disaient ces pauvres enfants ; c'est là ma place au soleil... Voilà le commencement de l'usurpation et de la tyrannie sur toute la terre ». Mais quel usage voulait-il faire de cette pensée ? L'aurait-il publiée ? Et ces invectives contre la propriété n'auraient-elles pas eu un sens philosophique plutôt que social ? Au contraire, quand Rousseau écrivait dans son *Discours sur l'inégalité :*

« Le premier qui, ayant enclos un terrain, s'avisa
de dire : *Ceci est à moi*, fut le vrai fondateur de la
société civile. Que de crimes, de misères et d'hor-
reurs n'eût pas épargnés au genre humain celui
qui, arrachant les pieux et comblant les fossés, eût
crié à ses semblables : Gardez-vous d'écouter cet
imposteur ! Vous êtes perdus si vous oubliez que
*les fruits sont à tous et que la terre n'est à per-
sonne* »; lorsque Rousseau, dis-je, prononçait ces
paroles terribles, il était loin d'en prévoir les
conséquences ; mais il exprimait sans le savoir tout
un fonds de rancunes et de haines accumulées par
la misère depuis des siècles, et qui devaient grandir
et s'envenimer encore avec le temps.

Cependant, dans ces paroles célèbres si souvent
citées, peut-être y eut-il encore plus de déclamation
et de rhétorique que de théorie calculée ; car dans
ce même *Discours sur l'inégalité*, nous voyons Jean-
Jacques Rousseau s'expliquer ailleurs sur l'origine
de la propriété avec autant de justesse et de bon
sens que de modération. Il montre, en effet, que
c'est de la culture des terres qu'est venu leur partage, qu'il est impossible de concevoir la propriété
naissant d'ailleurs que de la main-d'œuvre et du
travail. Il ajoutait que « le travail, donnant droit
au cultivateur sur le produit, lui en donne par
conséquent sur le fonds, au moins jusqu'à la récolte
suivante, ce qui, faisant une possession continue,
se transforme aisément en propriété ». Il rappelait
après Grotius que les anciens avaient donné à Cérès
le nom de législatrice, ce qui indiquait que de la

culture des terres est né le droit. Toutes ces vues n'ont rien que de juste, de noble et d'élevé.

Dans le *Contrat social*, on voit également un combat dans l'esprit de Rousseau entre les vrais principes et les instincts révolutionnaires. Il prétend que chacun, en entrant dans le corps social, se donne tout entier « avec toutes ses forces, dont ses biens font partie ». Mais cette aliénation est loin d'être une spoliation de nos biens; car, « au contraire, la communauté nous en assure par là même la légitime possession et change l'usurpation en droit, la jouissance en propriété ». Sans doute c'est bien là, si l'on veut, faire encore dépendre la propriété de la loi civile, mais c'était alors la théorie commune des publicistes et des législateurs. Bossuet disait également : « Tous les droits viennent de l'autorité civile. » Cependant Rousseau, aussitôt après avoir posé le droit de propriété, se hâtait d'en fixer les limites : «Le droit que chaque particulier a sur son propre fonds est subordonné au droit que la communauté a sur tous. » En même temps, l'instinct du niveleur se faisait encore sentir dans une note célèbre où il disait que « les lois sont toujours utiles à ceux qui possèdent et nuisibles à ceux qui n'ont rien; d'où il suit que l'état social n'est avantageux aux hommes qu'autant qu'ils ont tous quelque chose et qu'aucun n'a rien de trop ». Au fond, nous ne trouvons donc dans Jean-Jacques Rousseau que des doctrines incohérentes sur la propriété, tantôt justes, tantôt erronées, et il a plutôt fourni au socialisme moderne des formules que des arguments. Il n'en est pas de même de son disciple Mably, qui, sans écrire comme Rousseau sous l'empire de l'esprit de révolte et de la haine servile, a donné le premier toute la théorie du communisme.

L'abbé de Mably, aujourd'hui l'un des auteurs les plus oubliés du XVIII° siècle, en a été cependant l'un des plus célèbres et des plus influents. La preuve en est dans l'abondance des éditions qui ont été faites de ses œuvres. Mably et Raynal ont eu le même sort : ils ont eu la même popularité et la même décadence. Ceux qui pratiquent un peu la librairie d'occasion savent que, s'il y a quelque chose de plus commun sur les quais que les œuvres de l'abbé Raynal, ce sont les œuvres de l'abbé Mably : preuve incontestable de l'influence de ces deux personnages. Pour nous en tenir à Mably, Jean-Jacques Rousseau, qui l'a beaucoup connu, prétend avoir été pillé par lui. C'est une erreur ou du moins une exagération, car Mably s'est inspiré directement de l'antiquité, au moins autant que de Rousseau. C'est de Platon qu'il a emprunté les deux principes de sa philosophie politique, principes qu'il a transmis à nos révolutionnaires. Le premier, c'est que l'État a pour mission de faire régner la vertu ; le second, c'est que la propriété individuelle est l'effet de l'égoïsme et la source de toutes les haines et de toutes les guerres qui se partagent les États. La première de ces maximes a passé directement de Mably à Robespierre et à Saint-Just ; la seconde, à Babeuf. Nous n'avons pas à nous occuper ici de la première de ces doctrines ; résumons seulement les points principaux de la seconde.

Dans son livre sur *l'Ordre naturel et essentiel des sociétés politiques* (1767), un économiste célèbre de l'école de Quesnay, Mercier de la Rivière, avait essayé de donner la démonstration de la propriété foncière individuelle. Il s'était appuyé sur cet argument : « Je suis maître de ma personne ; j'ai le droit de pourvoir à ma subsistance ; donc il est juste que j'aie une propriété foncière. » Mably répondit par ses *Doutes aux économistes* (1768), où il discuta la valeur de la démonstration précédente. Suivant lui, cet argument ne serait valable que s'il était démontré que la propriété foncière est pour chacun de nous le seul moyen de subsister. Sans doute, si je consens à travailler pour la société, il faut qu'elle se charge de ma subsistance ; mais « qu'elle se charge de ce soin, en laissant les choses en commun ou en partageant le domaine public entre les citoyens, c'est la chose du monde la plus indifférente ». Mercier de la Rivière avait dit que la société forme « un ensemble parfait composé de différentes parties qui sont toutes nécessaires les unes aux autres ». Mably répond : « Il faut être bien sûr de son adresse à manier des sophismes pour oser se flatter qu'on persuadera à un manœuvre qui n'a que son industrie pour vivre, qu'il est dans le meilleur état possible, que c'est bien fait qu'il y ait de grands propriétaires qui aient tout envahi », et il ajoutait : « Pourquoi voulez-

vous que je sois content en me voyant destiné au
plat rôle de pauvre, tandis que d'autres, je ne sais
pourquoi, font le rôle important du riche ? »

Dans un autre de ses ouvrages, *Législation ou
Principes des lois* (1776), Mably ne se contente plus
de répondre à des arguments : il attaque directement la propriété elle-même. Il y soutient : 1° que
l'inégalité des richesses est la source de toutes les
autres ; 2° que les hommes, sortant des mains de
la nature, sont tous semblables, tous égaux. Sur le
premier point, il prouve, comme le faisaient Platon
et Aristote, que l'unique cause de toutes les révolutions est dans l'inégalité des propriétés. Les
pauvres furent obligés de vendre leurs services et
les riches usurpèrent l'autorité publique : les pauvres se soulevèrent ; de là les dissentiments et
les guerres civiles qui déchirent les républiques.
D'ailleurs pourquoi ces inégalités ? Tous les hommes
ne sont-ils pas naturellement identiques ? la nature
ne nous a-t-elle pas donné à tous les mêmes besoins, la même raison ? les biens de la terre ne leur
appartiennent-ils pas en commun ? avait-elle établi
à chacun un domaine particulier ? On objecte qu'il
y a une inégalité naturelle, qui vient de la différence des inclinations, des forces et des talents.
C'est là, selon Mably, un cercle vicieux, car toutes
ces inégalités viennent elles-mêmes de l'inégalité
primitive de fortune, qui amène l'inégalité d'éducation : il est vrai qu'il y a une certaine inégalité
dans la distribution des bienfaits de la nature ;
mais elle n'est pas en proportion avec cette mons-

trueuse différence que l'on voit dans la fortune des hommes.

On objecte encore aux adversaires de la propriété que, si l'on faisait un partage égal, ce partage ne durerait pas. Les terres produiraient toujours plus dans certaines mains que dans d'autres ; les héritages finiraient toujours par s'accumuler entre les mains des plus habiles. Refera-t-on le partage tous les cent ans? Le remède sera pire que le mal. Mably reconnaît la force de cette objection; mais il répond qu'il ne s'agit pas de partage, mais de communauté : il ne s'agit pas de partager la propriété; il faut l'abolir. C'est ce qu'on fit à Sparte, selon lui [1]. Lycurgue ne se contenta pas de partager les terres, il ôta aux citoyens la propriété du fonds et ne leur laissa que la qualité d'usufruitiers.

L'égalité et la communauté sont si naturelles selon Mably, que ce qu'il y a de plus difficile à comprendre, c'est précisément l'origine de la propriété. Cette origine, il la voit dans la paresse des uns et dans l'activité des autres, et il a cent fois raison; mais il ne voit pas que c'est là même la condamnation du système de la communauté. Les mêmes causes produiront toujours les mêmes effets. Que l'on adopte le partage ou la communauté, jamais les industrieux ne se laisseront dépouiller par les paresseux; l'inégalité et la pro-

---

[1] Voir la réfutation de cette opinion dans le savant mémoire de M. Fustel de Coulanges déjà cité dans l'*Introduction*.

priété particulière reviendront toujours par ce côté.
Mably élude cette objection capitale par les raisons
les plus superficielles. Il ne s'agit, suivant lui, que
d'encourager au travail : aux hommes laborieux il
suffira d'accorder des récompenses et des distinctions. Quoi de plus frivole! Comment des distinctions honorifiques pourraient-elles suffire là où le
stimulant même de la propriété est insuffisant? Se
borner d'ailleurs à récompenser le travail par des
distinctions, n'est-ce pas dire que l'on pourrait
vivre sans rien faire, pourvu qu'on se privât de
distinctions? Mais alors de quel droit vivrait-on du
travail des autres? Il faudrait donc arriver à obliger au travail par la loi et la contrainte, et l'on
reviendrait par là à l'esclavage et au servage. La
propriété est l'excitant le plus naturel; elle rend
inutile le travail forcé : elle est donc une garantie
de la liberté.

Mably reconnaît cependant que la propriété a
jeté de profondes racines, et que dans nos mœurs
actuelles, la communauté est impossible : la seule
chose praticable, c'est de tendre vers ce but par le
morcellement des fortunes. Dans cette pensée,
Mably propose les mesures suivantes : diminuer les
besoins de l'État au lieu de chercher à en accroître
les revenus; — n'établir que des impôts directs
sur les terres, l'impôt indirect fournissant aux magistrats mille moyens artificieux de satisfaire leurs
passions et de tromper les peuples; — lois somptuaires qui doivent s'étendre sur tous les objets de
luxe, meubles, logements, tables, domestiques,

vêtements, etc., — lois de succession, — interdiction des testaments, — formalités pour empêcher la vente et l'aliénation des biens ; — lois agraires qui ne seraient pas des lois de partage, mais qui fixeraient des limites à la possession des terres, etc.

On voit par ces diverses propositions le caractère et l'origine du communisme de Mably. Il est tout à rebours du mouvement de la civilisation moderne, fondée sur la liberté du travail et de la propriété. C'est un socialisme rétrograde, abstrait, puisé dans la lecture mal comprise de l'antiquité et surtout de Platon ; ce sont les mesures restrictives des sociétés primitives, sortant à peine de l'état nomade : de là beaucoup de vieilles règles ou de traditions, qui ont subsisté pendant longtemps dans les républiques de la Grèce, et que les partisans austères du passé invoquaient sans cesse comme la garantie des vieilles mœurs et des usages sacrés. Il faut le dire la propriété individuelle a dû être, à l'origine, un fait révolutionnaire . Platon la combat par haine de la démocratie, et Hobbes, au XVIIe siècle, la combat aussi au même titre, l'un au nom de l'aristocratie, l'autre au nom de la monarchie absolue. Mably, dans ses théories communistes, était sans le savoir, un aristocrate.

Le socialisme de Mably était donc un socialisme érudit, classique, littéraire, né de la lecture des anciens : il le présentait d'ailleurs d'une manière modérée dans ses moyens d'application. Mais avant Mably, quelques années avant le *Discours* de Rousseau *sur l'inégalité des conditions*, déjà en 1755,

avait paru un ouvrage d'un socialisme bien plus
hardi, et allant droit à l'établissement et à l'organisation du communisme; c'est *le Code de la nature*
souvent attribué à Diderot, et qui a été longtemps
inséré dans ses œuvres, mais dont le véritable
auteur est Morelly.

Le socialisme de Morelly est un socialisme sans
lumières et sans culture, issu des réflexions les
plus élémentaires sur l'ordre social, sans aucun
soupçon de la complexité et de la difficulté des
questions. Rousseau et Mably sont des gens de
lettres conduits au socialisme par l'imagination ou
par l'érudition; Morelly est un esprit vulgaire et
de bas étage, quoiqu'il soit l'auteur d'une sorte de
poème épique intitulé *la Basiliade*, [1] dans lequel il
combattait déjà sous forme allégorique le droit de
propriété : c'est surtout dans *le Code de la nature*
qu'il a exposé et développé ses principes. Ce livre
est de la famille de l'*Utopie* de Thomas Morus, de
la Cité du soleil de Campanella, etc., et il est lui-
même l'original des constructions utopiques analogues qui ont paru de nos jours. L'auteur part
d'une idée philosophique qui n'est pas sans valeur
et sur laquelle plus tard un esprit bien plus original, Ch. Fourier, a fondé tout son système, à

---

[1] Poème en prose, 1753.— Un autre écrivain du xviiie siècle,
Pechméja, dans un poème analogue imité de *Télémaque*, le
Télèphe (1784), combattit également la propriété et l'héritage.
La *Biographie universelle* (art. Morelly) se trompe en consi-
dérant *la Basiliade* comme une imitation du *Télèphe*, qui a
daru quarante ans plus tard.

savoir l'idée d'une accommodation du mécanisme
social aux passions humaines, de manière qu'il fût
impossible à l'homme d'être méchant ; mais cette
idée est à peine indiquée dans Morelly et très faible-
ment développée. Passons également sur la polémique contre la propriété, qui n'a rien d'original,
pour arriver au système d'organisation sociale qui
est le type qu'ont reproduit tous les communistes
modernes depuis Babeuf jusqu'à Cabet. Il faut
distinguer, suivant Morelly, plusieurs systèmes de
lois : les lois fondamentales ou lois sacrées, — les
lois de distribution. — les lois somptuaires, — les
lois de police, — les lois conjugales ou d'éducation,
— enfin les lois pénales. Les lois fondamentales
sont au nombre de trois : point de propriété ; —
tout citoyen est un homme public, un fonction-
naire ; —tout citoyen doit contribuer à l'utilité
publique. Ces trois lois résument le système. S'il
n'y a point de propriété, il faut que l'État nourrisse
l'individu ; mais il ne peut le nourrir sans que celui-
ci travaille pour l'État : être nourri, c'est un droit ;
travailler est un devoir. Après les lois fondamentales viennent les lois distributives, les plus importantes de toutes dans le système communiste :
nécessité de dénombrer toutes les denrées ; emma-
gasinement de celles qui sont susceptibles d'être
conservées ; marchés ouverts pour celles qui se
consomment rapidement ; interdiction des échanges
et du commerce, si ce n'est d'État à État ; distributions journalières des denrées nécessaires à la vie ;
telles sont les principales de ces lois. Elles ne

règlent pas seulement la consommation, mais
encore la production. Les citoyens sont divisés par
dizaines ou par centaines, qui fournissent chacune
un nombre proportionné d'ouvriers à chaque profession : à dix ans, on commence à apprendre un
métier; de quinze à dix-huit, on doit se marier;
de vingt à vingt-cinq, on travaille à l'agriculture,
par laquelle tout le monde doit passer; à vingt-
six ans, on entre dans une profession spéciale;
mais on ne peut être maître qu'à trente ans; à quarante, le choix du travail devient libre, sans que le
travail cesse d'être obligatoire. On voit que le
communisme est lié au système des corporations et
des maîtrises dans son sens le plus étroit. L'éducation est réglée comme le travail : il n'y aura pas
d'autre philosophie morale que le système des lois;
la métaphysique se bornera à l'affirmation d'un
être suprême, et il ne sera permis de rien ajouter
à la métaphysique et à la morale, au-delà des
bornes prescrites par la loi. L'éloquence, la poésie
et la peinture ne seront point interdites; mais elles
se borneront à célébrer les beautés physiques e
morales de la nature. Enfin les lois pénales garan-
tiront l'obligation du travail. Fort bien; mais qui
garantira l'efficacité de ces lois? C'est ce que l'auteur ne nous apprend pas, et ce qu'il ne se demande
même pas. Rien de plus facile que d'aller au
marché prendre ce dont on a besoin; mais il est
plus difficile d'imposer le travail à celui qui n'en
attend rien : tout le monde est prêt à jouir, mais
peu le sont à se fatiguer. Comment réglera-t-on la

jouissance et comment encouragera-t-on au travail sans retomber dans l'inégalité et la propriété?
Quant à celui qui se refusera au travail, comment
l'y forcer sans en faire un serf ou un esclave? Hors
de la propriété individuelle, il n'y a de possible que
le système des travaux forcés.

Tel est le rêve qu'une démagogie imbécile propose au peuple comme un idéal et qu'elle poursui-
vrait volontiers à travers des flots de sang. Tel est le
rêve qu'a essayé de réaliser à la fin du XVIIIᵉ siècle,
par une entreprise demeurée impuissante, l'un des
personnages les plus médiocres et les plus pauvres
d'esprit qu'ait produits la Révolution française,
celui qui s'appelait lui-même le *tribun du peuple* et
qui est connu dans l'histoire sous le nom de Caïus-
Gracchus Babeuf. Quel était ce personnage? Quelles
étaient ses vues et ses idées, si tant est que l'on
puisse appeler cela des idées? enfin quels étaient
ses projets? Quelles causes le firent échouer?
Qu'est-ce enfin que cette fameuse conspiration de
Babeuf[1] que l'on a crue longtemps une mystifi-
cation politique, mais que nous connaissons

---

[1] Les principales sources pour l'étude de cette question
sont les *Pièces* publiées par le Directoire et le *Procès* lui-
même (an IV et an V), — le récit de la *Conspiration de
Babeuf*, par Buonarotti (1828), et plus récemment *Babeuf et
le Socialisme en* 1796, par Édouard Fleury. Le livre de Buonarotti est particulièrement intéressant par les pièces inédites et les détails circonstanciés. Il avait tout su directement,
ayant été lui-même un des chefs du complot. L'article de la
Biographie universelle est très incomplet. Il n'y est même
pas fait mention des idées communistes de Babeuf.

aujourd'hui à fond, grâce à un des complices,
Buonarotti, qui en a raconté l'histoire dans un livre
plein d'intérêt? C'est un des épisodes curieux de la
Révolution, qui mérite d'être raconté avec quelques détails.

CHAPITRE II

M. Édouard Fleury, dans son intéressante *Vie de Babeuf*, paraît croire que celui-ci a traversé deux phases, l'une dans laquelle il aurait appartenu au parti modéré et presque réactionnaire, et l'autre où il serait devenu révolutionnaire ou anarchiste. Il est vrai que quelques apparences pourraient autoriser ce système ; mais nous croyons qu'à bien examiner les faits, on trouve qu'il n'y a eu qu'un seul Babeuf qui se modifia suivant les circonstances : pour nous en assurer, résumons les principaux traits de son histoire.

La première fois que le nom de Babeuf a été prononcé et livré à la publicité, c'est dans le journal de Marat, *l'Ami du peuple* (4 juillet 1790), douteuse recommandation en faveur d'un modéré : « Je dénonce, disait Marat, un nouvel attentat... Un homme estimable, le sieur Babeuf, enlevé de sa couche au milieu de la nuit, est incarcéré depuis cinq semaines. » Qu'avait fait Babeuf pour motiver

cette incarcération, et qu'avait-il été jusque-là? Il
était né à Saint-Quentin, en 1762 ou 1764; son père
était un ancien militaire au service de l'Autriche.
Il était arpenteur à Roye en Picardie et collaborait
au *Correspondant picard*. Il y avait publié un travail
devenu brochure, sous ce titre : *Pétition sur les
impôts*. Il y prétendait, se fondant sur la déclaration
des droits, que les *aides*, les *gabelles*, les *droits d'entrée* ne pouvaient plus subsister depuis que les
Français étaient devenus libres; bref, il demandait
la suppression de tous les impôts; c'était cette
brochure qui l'avait fait arrêter. Marat terminait
l'article qu'il lui consacrait en invitant les citoyens
« à visiter patriotiquement notre frère Babeuf ».
A la même époque, et dans le même journal,
Babeuf proposait un partage des biens communaux,
mesure qui allait en sens inverse de ses doctrines
futures, car c'était la destruction des derniers
vestiges du communisme primitif. Babeuf fut
acquitté ou du moins délivré à la suite du 14 juillet
1789, c'est-à-dire après la prise de la Bastille. Ce
ne fut pas la seule fois qu'on le verra en prison : il
passera désormais une partie de sa vie à y entrer
et à en sortir. Toujours est-il que cette première
épreuve n'a rien qui le rende particulièrement
recommandable. Nous le perdons de vue pendant
quelque temps ; mais au mois d'août 1793, on le
voit de nouveau accusé, cette fois beaucoup plus
gravement, car il s'agissait d'un faux [1] : il sut se

Il avait substitué un nom à un autre dans un acte qui

dérober à la poursuite et fut condamné par coutu-
mace. Cette condamnation paraît avoir été fictive,
car, au même moment, on le voit entrer à Paris
dans les bureaux de l'administration des subsistances. Mais là bientôt son caractère difficile et soup-
çonneux le met de nouveau en péril. Il commence
par dénoncer le procureur général Manuel comme
ayant organisé la famine : il va plus loin et accuse
l'administration tout entière, le maire de Paris, les
ministres, les comités : partout il découvre et dénonce un nouveau pacte de famine. Les sections
prennent parti pour l'accusation et nomment une
commission pour l'examiner. Le comité de salut
brise la commission et envoie Babeuf à l'Abbaye.
Le président de la commission est condamné à
mort, et Babeuf est renvoyé au tribunal de l'Aisne,
qui le met en liberté, le 20 messidor (an II) [1].

Ainsi, sous la terreur de 93, Babeuf avait osé se
mettre en conflit avec la terrible dictature de
Robespierre et de la Convention : aussi le voyons-
nous applaudir énergiquement au 9 thermidor et
faire cause commune avec tous les adversaires du
terrorisme[2]. Il fonde le *Journal de la liberté de la*

relevait de ses fonctions (Ed. Fleury, p. 17.). Était-ce légè-
reté ou improbité? On ne peut le savoir.

[1] Voilà la troisième fois que Babeuf est poursuivi sans
aucune conséquence fâcheuse pour lui. Il devait avoir, sans
doute, des accointances secrètes dans le parti dominant. On
sait par exemple qu'il était lié avec Fouché; peut-être est-ce
là le secret de son impunité.

[2] Cabet prétend même que le mot de *terrorisme* est de
l'invention de Babeuf.

presse, dont tous les premiers numéros sont consacrés à Robespierre. Il distingue deux Robespierre :
l'un jusqu'au commencement de 93, l'autre depuis
cette époque ; l'un apôtre de la liberté, l'autre le
plus infâme tyran. Cette distinction vient à l'appui
de celle que nous faisions nous-même dans le
chapitre précédent, entre le Robespierre d'avant le
31 mai et celui d'après le 31 mai, le premier
flattant les passions anarchiques et socialistes, le
second revenu, malgré son terrorisme, à des idées
gouvernementales. Or le Robespierre que Babeuf
approuve, c'est le premier : c'est l'ennemi des
girondins, c'est l'associé de Danton et de Marat dont
il fait l'éloge : il ne le combat que lorsqu'il est resté
seul, et qu'il est devenu le maître. Il le nomme
« l'empereur Robespierre », — « l'Attila Robespierre », — « Robespierre l'exterminateur ». — Il
lui reproche « un machiavélisme atroce emprunté
« au gouvernement du Maroc et d'Alger ». Il
appelle son système « l'anthropophagie révolutionnaire ». « C'est, dit-il, un gouvernement de
sang que l'on voudrait effacer de l'histoire ». Il
enveloppe tous les jacobins dans sa haine contre
Robespierre et leur inflige la plus sanglante injure qui fût dans le vocabulaire du temps : il les
appelle « des prêtres », et ne craint pas de demander des mesures de rigueur contre eux : « Puisque
la queue de Robespierre, dit-il, est si dificile à
extirper, il faut employer le vert et le sec » ; il
faut se servir tantôt « de la foudre de Marat »,
tantôt « du caustique de Desmoulins ». Il prédit le

temps où ce sera une injure de dire à quelqu'un :
« Tu es jacobin ».

On voit par toutes ces citations que Babeuf,
s'exprimait d'abord sur le compte de Robespierre
et des jacobins exactement de la même manière
que le faisaient alors tous les modérés, heureux
d'avoir échappé à une si terrible tyrannie ; mais il
ne faut pas se laisser prendre aux apparences.
N'oublions pas que le 9 thermidor n'a réussi que
par la coalition contre Robespierre des partis extrêmes et des partis modérés. Ce sont les plus compromis dans la Révolution qui l'ont frappé, et si les
idées de clémence et d'humanité ont triomphé par
sa chute, c'est que le terrorisme avait fini par se
personnifier en lui : il était lui-même tout le système,
nul n'eût pu le continuer après lui. Il n'est pas
moins vrai que dans les imprécations contre Robespierre deux courants étaient mêlés : d'un côté les
amis des girondins, de l'autre les amis d'Hébert et
de Danton. A quel camp appartenait Babeuf, même
dès cette époque? Tout nous porte à croire qu'il
appartenait déjà au parti le plus ardent de la Révolution, à celui que Robespierre lui-même avait
frappé comme anarchique et subversif, au parti
hébertiste. Plusieurs faits autorisent cette conjecture. Les dénonciations dont il s'était fait l'or-
gane et pour lesquelles il avait été arrêté, avaient
été accueillies avec faveur par les sections, c'est-à-
dire par les révolutionnaires extrêmes. Ce qu'il reproche le plus à Robespierre, c'est la suppression
de la constitution de 93. Il maudit ce système, qui

veut que, « pour jouir de la liberté, on commence
par être esclave », et qui croyait nécessaire au salut
de la patrie que le peuple se dépouillât lui-même
de « sa souveraineté ». Si Robespierre est son
ennemi, Marat est son idole : « Marat et Loustalot,
dit-il, étaient de ces hommes qui voient toujours
six mois avant les autres ». Il se met sur la même
ligne : « il est digne de leur succéder » ; et ne se
contentant pas de cette allusion discrète, il disait
hardiment : « J'ai hérité du courage et de la bonne
vue de Marat ». Il écrivait au *Club électoral* : « Si
je n'ai pas les talents de Marat, j'ai son feu et son
dévouement ». Qu'est-ce que ce *club électoral* qui
avait été dissous sous Robespierre et qui s'était re-
formé au 9 thermidor? C'était probablement un
club hébertiste. Les jacobins lui étaient très op-
posés. Il avait adressé une pétition à la Convention,
dont le rédacteur était Bodson, l'un des futurs
complices de Babeuf. Le club demandait le retour
aux droits de l'homme et la liberté illimitée de la
presse. Billaud-Varenne l'accusait d'hébertisme.
Babeuf répond mollement à cette imputation. Il
défendait également dans son journal une autre
pétition qui était appelée « pétition du Muséum ; »
elle demandait l'élection des magistrats par le peuple, le retour à la constitution de 93 : on y trouve
une apologie de la Commune de Paris, « sans laquelle, est-il dit, aucune des grandes révolutions
de la liberté n'aurait été faite, qui, pendant cinq
ans, a été la terreur de l'aristocratie, et au nom de
laquelle tremblait la gironde ».

Tous ces extraits sont tirés du *Journal de la liberté de la presse*, c'est-à-dire du journal de Babeuf sous sa première forme, avant qu'il ait jeté le masque et soit devenu le Babeuf de l'histoire : on voit que ce ne sont nullement là les sentiments d'un modéré. Néanmoins il faut reconnaître que, si Babeuf partageait à cette époque les opinions démocratiques les plus exagérées, si même on peut trouver déjà dans ses écrits les premières traces de ses doctrines sociales, cependant il était alors sincère dans son aversion pour le système terroriste : « Je suis, disait-il dans sa *Vie de Carrier*[1], je suis encore, sur le chapitre de l'extermination, homme à préjugés. Il n'est pas donné à tous d'être à la hauteur de Maximilien Robespierre ». Sa sincérité en cette circonstance est prouvée par le repentir même qu'il en éprouva plus tard. Il écrivait en effet à Bodson, lorsqu'il noua les premiers fils de sa conspiration : « Je confesse que je m'en veux d'avoir autrefois vu en noir le gouvernement révolutionnaire de Robespierre et de Saint-Just. Ce gouvernement était diablement bien imaginé. Je ne suis pas du tout d'accord avec toi qu'il ait imaginé de grands crimes et fait périr bien des républicains. Pas tant ! Je n'entre pas dans l'examen si Hébert et Chaumette étaient innocents. Quand cela serait,

---

[1] Il avait publié, après Thermidor, un écrit intitulé : *Système de dépopulation ou la Vie et les Crimes de Carrier*. M. Ed. Fleury cite encore quelques autres pamphlets de Babeuf contre les Jacobins : *Les Jacobins jeannots.* — *Voyage des Jacobins dans les quatre parties du monde.*

je justifie encore Robespierre... Mon opinion est
qu'il fit bien. Le salut de vingt-cinq millions
d'hommes ne doit pas être balancé contre le ménagement de quelques individus équivoques. » Ainsi,
plus tard, Babeuf reniait ses velléités de clémence
et d'humanité ; mais cela même prouve qu'elles
étaient conformes à ses vrais sentiments au moment
où il les exprimait.

Nous venons de voir Babeuf, thermidorien,
adversaire de Robespierre et des jacobins, et pouvant se confondre, aux yeux de ceux qui n'y
regardaient pas de très près, avec les partis con-
tre-révolutionnaires. Mais bientôt sa vraie politique
se dessine ; le révolutionnaire reparaît : nous
sommes en présence du vrai Babeuf, du Babeuf de
l'histoire.

Ce changement se manifesta d'abord par le
changement de titre du journal. Le 14 vendémiaire
an II (1794), le *Journal de la liberté de la presse*
prend le nom de *Tribun du peuple*[1] ; et lui-même
commence à signer : Gracchus Babeuf. Il choisit
pour épigraphe le premier article de la constitution
de 93 : « Le but de la société est le *bonheur commun* ».
Il explique son changement de titre. Il s'appelle
tribun du peuple, dit-il, c'est-à-dire défenseur du
peuple ; il se met « sous le patronage des plus
honnêtes gens de la république romaine ». Quant

---

[1] C'est le n° 23 du journal qui inaugure cette transformation.

au changement de prénom, il s'explique en ces termes : « Pourquoi vouloir me forcer à conserver saint Joseph pour mon patron? Je ne veux point des vertus de ce brave homme-là ». Bientôt enfin il jette le masque, et le faux modéré se montre tel qu'il est, avouant lui-même qu'il s'était couvert d'une apparence trompeuse : « J'ai voulu, dit-il, essayer le stylet de l'astucieux politique et prendre un long circuit pour arriver à quelques mots de raison. Cette armure et ce genre d'escrime ne me vont point. Ils ont failli me faire passer pour un *athlète équivoque*. Je redeviens moi ; *j'abjure toute feinte*. Le brave Ajax ne doit pas recourir aux ruses d'Ulysse ». Il annonce donc qu'il va *déchirer les voiles* et dire « le fin mot, l'à-quoi-bon de la Révolution ».

Il distingue deux républiques, qui bien souvent depuis ont été opposées l'une à l'autre : l'une bourgeoise et aristocratique, l'autre populaire et démocratique. La première veut un patriciat et une plèbe ; la seconde veut non seulement l'égalité des droits, l'égalité dans les livres, mais l'*égalité réelle*, c'est-à-dire « l'honnête aisance et la suffisance légalement garantie de tous les besoins physiques ». Il rappelle toutes les mesures sociales de la Convention que nous avons récemment signalées et en fait un thème d'accusation contre les membres de cette assemblée qui les avaient oubliées : « Souvenez-vous que vous promettiez une propriété à la fin de la guerre à tous les défenseurs de la patrie... Souvenez-vous de la loi qui garantit des lots terri-

toriaux aux sans-culottes impropriétaires[1]. » Quelque temps après, il se déclarait encore plus ouver-
tement dans le n° 34 de son journal (15 brumaire,
an IV). Qu'est-ce que la Révolution? disait-il :
« Une guerre déclarée entre les patriciens et les
plébéiens, *entre les riches et les pauvres.* » Cet article
fit un grand « tapage » selon l'expression de Babeuf.
Fouché lui-même, qui jusqu'alors avait protégé
Babeuf contre les thermidoriens, se déclara contre
lui. Babeuf s'expliqua dans le numéro suivant (n° 35,
17 brumaire) le plus important de tous[2], et qui plus
tard fut une des pièces de l'accusation dans le procès. Il y exposait son programme. Pour la première fois la thèse communiste était posée et
défendue systématiquement, comme le dernier
mot de la Révolution. Comment Babeuf y était-il
arrivé?

Nous avons vu que son premier écrit, vanté par
Marat, demandait l'abolition des impôts et le
partage des biens communaux. Dans un autre écrit,
publié après le 9 thermidor, et que nous avons déjà
cité, *le Système de dépopulation,* il présentait quel-

---

[1] Voir plus haut le Rapport de Barrère sur les lois de
ventôse.

[2] Les numéros du journal paraissaient assez irrégulière-
ment, surtout depuis cette époque. Le premier numéro est
du 17 fructidor (an II, 93); le dernier (n° 43) est du 5 floréal
an IV (95), quinze jours avant l'arrestation de Babeuf. —
Babeuf se brouilla avec Fouché à cause du n° 34. Il prétend
dans le numéro suivant que Fouché l'a fait tâter pour lui
offrir 6,000 abonnements de la part du Directoire, moyennant
suppression de certains passages.

ques-uns des principes du communisme. Tout en maudissant le système exterminateur de Robespierre, il lui prêtait cependant ses propres idées sociales, qu'il résumait dans cette maxime de Jean-Jacques Rousseau : « Il faut que tous les citoyens aient quelque chose, et qu'aucun d'eux n'ait rien de trop. » C'est ce qu'il appelait « l'élixir du *Contrat social* ». Il attribuait à Robespierre la pensée anticipée de son propre système. Celui-ci se serait dit que, tant que la majorité du peuple français ne posséderait rien, l'égalité ne serait qu'un vain mot, et que la majorité serait toujours l'esclave de la minorité. Les privilèges ne seraient détruits que si toutes les propriétés étaient ramenées entre les mains du gouvernement. Pour arriver à ce but, il fallait immoler tous les grands propriétaires et effrayer les autres ; et même la population étant encore trop considérable pour que le partage fût productif, il fallait sacrifier les sans-culottes en assez grand nombre pour que les autres pussent jouir en toute sécurité. C'est ce que Babeuf appelle « le système de dépopulation ». La terreur aurait donc été, suivant lui, une sorte de malthusianisme anticipé. Elle avait eu pour but de proportionner la population aux subsistances. Tel était le sens « des guillotinades, des foudroyades et noyades » de la Convention. Babeuf condamnait les moyens ; mais il approuvait le but. Il soutenait que « le sol d'un État doit assurer l'existence à tous les membres de cet État », il demandait que « moyennant travail on garantît le nécessaire à tous », il demandait

aux riches « de s'exécuter eux-mêmes » ; autrement
« le peuple, devenu dévorant, éclate et renverse
tout ». Rien de tout cela cependant, quelque mena-
çante qu'en fût l'expression, ne nous paraît encore
dépasser cette espèce de socialisme vague et diffus
que nous avons rencontrée chez presque tous les
révolutionnaires. Bientôt, nous l'avons vu, Babeuf
jette le masque ; il attaque la Convention ; il est de
nouveau arrêté à la suite des journées de prairial,
conduit à Arras, puis transféré à Paris dans la
prison du Plessis. On dit que ce fut là qu'il noua
les premiers fils de sa conspiration future et que se
formèrent définitivement ses théories sous leur
forme systématique, soit qu'il les ait communiquées
aux autres prisonniers, soit qu'il les ait reçues au
contraire de l'un d'entre eux, devenu son ami et
plus tard son complice, un nommé Bodson, qui,
dit Buonarotti, « avait mieux que personne saisi les
vues profondes de Robespierre. » Après les journées
de vendémiaire, Babeuf fut délivré de sa prison par
l'amnistie du 4 brumaire : c'est alors qu'il reprend
son journal, qu'il prépare le complot futur et qu'il
esquisse le plan de sa doctrine.

Jusqu'à Babeuf, la théorie communiste était con-
fondue avec ce que l'on appelait « la loi agraire »,
c'est-à-dire le partage égalitaire des terres. Toutes
les fois que, sous la Révolution, on voulait exprimer
ce que nous appelons aujourd'hui « le péril social »,
on évoquait les lois agraires. (Le nom de Caïus-
Gracchus, que Babeuf avait pris, autorisait précisément cette confusion : car c'est surtout par les

Gracques que ces lois sont célèbres dans l'histoire.
Le premier cri qui s'éleva contre Babeuf fut donc
celui-là : « Vous voulez la loi agraire? — Non,
répondit-il, nous voulons *plus que cela*. » Il reconnaissait en effet que la loi agraire ne pouvait durer
qu'un jour. Dans son procès, il disait nettement :
« La loi agraire est une sottise qui n'a pas le sens
commun. » Elle consisterait à faire de la France
un échiquier dont chaque case serait égale, ce qui
donnerait un résultat entièrement insignifiant. De
quoi s'agit-il donc? De tout autre chose, « de dépro-
priétariser toute la France. Dans mon *Bonheur
commun*, je veux qu'il n'existe aucune propriété
individuelle ». Il invoquait des autorités historiques,
entre autres celles de Lycurgue : on devine à quel
point il connaissait l'histoire de Lycurgue; aussi se
contentait-il de l'interpréter d'après l'abbé Mably,
et il soutenait que le législateur de Sparte avait
constitué un système « où les charges et les avantages étaient également répartis, où la suffisance
était le partage de tous, et où personne ne pouvait
atteindre le superflu ». Il ne s'agit plus maintenant
de partage, dans le sens propre du mot : il s'agit
de « communauté », ce qui est bien différent : distinction importante empruntée à Mably. Il s'agit
d'établir, selon les expressions de Rousseau, que
« le terrain n'est à personne, mais à tous; que
tout ce que l'individu accapare au-delà de la subsistance est un *vol* social [1], que le droit d'aliénabilité

1. Cette expression, que nous avons déjà remarquée dans

est « un attentat *populicide* » ; expression qui pour
cette fois appartient à Babeuf, assez riche en néolo-
gismes ; enfin que « l'hérédité est une non moins
grande horreur », doctrine anticipée des saints-
simoniens.

Voilà le principe du système. On objecte l'inégalité des talents, l'inégalité du travail, l'inégalité
d'instruction. Babeuf repousse absolument toutes
ces inégalités : « La supériorité de talent n'est
qu'une chimère. — La valeur de l'intelligence est
une chose d'opinion. » Il soutient que ce sont les
intelligences qui ont elles-mêmes donné un si haut
prix aux conceptions de leurs cerveaux ; et que, si
les forts eussent réglé les choses, ils auraient
établi « que le mérite du bras vaut celui de la tête ».
Il prétend que l'instruction n'agrandit pas la
« capacité de l'estomac » et ne doit pas par conséquent donner droit à une rémunération plus grande.
Celui qui fait une montre n'a pas plus de droits
que celui qui fait des sillons. C'est cependant ce
qui permet à un ouvrier horloger d'acquérir le
patrimoine de vingt ouvriers de charrue. En conséquence, il faut assurer à chacun « la suffisance,
mais rien que la suffisance ».

Tels sont les princi es de ce « terrible manifeste »,
comme il l'appelle lui-même, publié dans le n° 35
du *Tribun du peuple*. Comme conclusion pratique,

Brissot (voir plus haut), et que Proudhon a depuis rendue
si célèbre, est plusieurs fois reproduite par Babeuf : « Ce
qu'un membre a au-dessus de sa suffisance est le résultat
d'un vol. »

il propose « d'établir une administration commune, de supprimer la propriété particulière, d'attacher chaque homme au talent ou à l'industrie qu'il connaît, de l'obliger à en déposer les fruits en nature au magasin commun, et d'établir une simple administration de distribution qui, tenant registre de tous les individus et de toutes les choses, fera répartir ces dernières dans la plus scrupuleuse égalité ». L'expérience prouve, selon Babeuf, qu'un tel gouvernement est possible, « puisqu'il est appliqué journellement aux douze cent mille hommes de nos armées ». Les derniers mots de ce « terrible manifeste » semblent être le programme du nihilisme actuel : « Tous les maux sont à leur comble, y est-il dit. Que tout se confonde! que tout rentre dans le chaos! et que de ce chaos sorte nn monde nouveau et régénéré! » Enfin il demande « un bouleversement général dans l'ordre de la propriété », et il déclare « la révolte des pauvres contre les riches » comme une nécessité absolue.

Les mêmes principes, sous des formes plus violentes encore, se rencontrent dans le *Manifeste des égaux*, pièce saisie chez Babeuf, et qui avait été rédigée par Sylvain Maréchal. Ce manifeste distingue entre « l'égalité conditionnelle » et « l'égalité réelle ». L'égalité conditionnelle, c'est l'égalité devant la loi; c'est une hypocrisie, une stérile fiction. La vraie égalité, c'est l'égalité « de fait ». « Nous voulons, disait-on, l'égalité ou la mort. » On protestait encore contre l'accusation de loi agraire, qui n'avait été, dit-on, que le vœu de

9.

soldats sans principes ». Nous voulons quelque
chose de plus sublime, la *communauté des biens.* ».
C'est la première fois que nous rencontrons cette
formule précise de communisme. Les paroles de
J.-J. Rousseau dans le *Discours sur l'inégalité* sont
citées comme autorité. « Les fruits sont à tout le
monde, et la terre n'est à personne. ». L'auteur du
Manifeste, Sylvain Maréchal, interprète sans doute
de la vraie pensée de Babeuf, acceptait hardiment
toutes les conséquences de ce brutal communisme.
« *Périssent tous les arts,* disait-il, pourvu qu'il nous
reste l'égalité réelle ! » Buonarotti, dans son curieux
récit de la conspiration, nous apprend que le comité
se divisa sur cette question. Lui-même cultivait les
arts ; il aimait la musique ; il était de race d'artiste,
puisqu'il se rattachait, dit-on, à la famille de
Michel-Ange. Il y eut partage dans le comité, et
c'est pour cette raison que le *Manifeste* ne fut pas
livré à l'impression. Il fut saisi plus tard dans les
papiers de Babeuf et compta comme une des pièces
du procès. Il se terminait par une sorte d'invoca-
tion « à la république des égaux », qui était à la
fois « un grand hospice ouvert à tous les hommes »,
perspective médiocrement séduisante, et « une
table commune dressée par la nature », promesse
plus agréable à l'imagination.

Cependant, aucune doctrine, quelque mépris
qu'elle fasse de l'intelligence, ne peut échapper à
la nécessité de donner des preuves et de répondre
aux objections. Il y a donc eu quelque effort de
démonstration du communisme, soit dans Buona-

rotti analysant et commentant la doctrine de Babeuf,
soit dans Babeuf lui-même répondant à plusieurs
contradicteurs.

Buonarotti essaie de démontrer l'injustice de
l'inégalité parmi les hommes. D'où aurait pu venir
cette inégalité? Est-ce de la différence dans la
nature physique? Non, car il y a identité d'organes.
Viendrait-elle de l'inégalité de forces? Non, car
nul isolément n'est assez fort pour opprimer les
autres. De la convention? Non, car tous ont le
même goût pour l'égalité. L'égalité est donc de droit
naturel. D'un autre côté, le travail est obligatoire
pour tous : car sans travail point de subsistances,
et c'est en outre la source de la santé et du plaisir.
Mais comment stimuler le travail? Par l'amour de
la gloire, par la reconnaissance publique. Quant
à ceux que de tels mobiles ne suffiraient pas à
aiguillonner, Buonarotti ne nous dit pas comment
on s'y prendrait pour les faire travailler. Si le
travail ne vient pas du désir de la propriété, il ne
peut être que le résultat de la contrainte. Or, comment cela serait-il possible sans que les hommes
fussent enrégimentés et enchaînés? La caserne et
l'hôpital, tel est le type nécessaire d'une société
communiste.

De son côté, Babeuf rencontrait un contradicteur
qui devait à son tour être compromis plus tard
dans la conspiration, mais qui fut acquitté. Ce fut
Antonelle, le marquis Antonelle, président du jury
révolutionnaire qui avait fait condammer Marie-
Antoinette ; il rédigeait alors une feuille populaire.

Il avait discuté avec quelque sympathie, mais en faisant des réserves et des objections, la doctrine de Babeuf. Il accordait le principe, mais il reculait devant l'application, faisant remarquer avec quelque bon sens « qu'on venait un peu tard pour désabuser les hommes du droit de propriété ». Babeuf croyait, au contraire, que jamais époque n'avait été plus favorable à cette révolution : car on ne détruit un abus que lorsqu'on est arrivé à le sentir. Il a donc fallu attendre que l'abus fût porté à la dernière extrémité. La Révolution a prouvé que les plus anciens abus peuvent être déracinés. Pourquoi pas un de plus? Le mal, c'est de ne demander qu'une demi-justice, car alors on n'obtient rien. Il faut donc aller jusqu'à la justice entière.

Un autre contradicteur envoyait à Babeuf une lettre d'objections et de critiques, auxquelles celui-ci répondait dans *le Tribun du peuple*. On objectait que le partage des terres avait souvent eu lieu dans l'histoire, mais qu'il n'avait jamais duré. Babeuf n'avait pas de peine à répondre qu'il ne s'agissait plus de partage, mais de communauté : travail commun, jouissance commune; le travail s'impose à tous pour alléger le sort de chacun. Mais, ajoute-t-on, que fera-t-on des productions de l'esprit? Porterai-je mon tableau, mon poème, mon invention chimique au magasin? Babeuf avoue franchement que, si la perte des arts devait être la rançon du bonheur commun, ce ne serait pas déjà un si grand malheur. Mais, au contraire, ajoute-t-il sans dire pourquoi, ils recevront un accroissement sublime. L'intérêt personnel, ajoute-t-on, est la source du travail. Il répond que le travail, devenant modéré, deviendra par là même une occupation amusante. Nous sommes ici sur la voie du travail attrayant, mais il n'en donnait pas les moyens. Il faudra toujours un gouvernement, ajoute le contradicteur. — Sans doute ; mais il sera très simple, et ayant peu de besoins, il ne sera pas tenté d'abuser. Enfin on objectait l'étendue du territoire. Mais si ce régime est possible sur un petit territoire, pourquoi ne le serait-il pas sur un plus grand ? — Bientôt cependant le moment vint où il ne fut plus question de discuter, mais d'agir : c'est le moment où Babeuf appartient tout à fait à l'histoire.

CHAPITRE III

C'est dans la prison du Plessis, avons-nous dit, que Babeuf noua les premiers fils du célèbre complot qui porte son nom. Pendant très longtemps, ce complot avait été mis en doute et avait passé pour une invention du Directoire. Mais la publication de Buonarotti, qui en était et qui en a raconté l'histoire, en donnant les pièces les plus curieuses, a levé tous les doutes. La conjuration a existé. Les premiers conjurés furent Buonarotti, Germain, Darthé, Bodson, auquel, nous l'avons vu, on attribue d'avoir exercé une influence considérable sur l'esprit de Babeuf; enfin Potofeux, ami de Robespierre, et qui servit d'intermédiaire entre les babouvistes et les anciens montagnards.

C'étaient les journées de germinal et de prairial qui avaient réuni ces différents personnages dans la prison du Plessis. Sortis de prison, après vendémiaire et après l'amnistie du 4 brumaire, ils res-

tèrent en relation les'uns avec les autres. Plusieurs
lieux publics leur servaient de points de réunion.
Les *Bains chinois*, alors dans toute leur vogue et
que nous avons connus encore sur les boulevards,
étaient un de ces centres où se réunissaient les
principaux conspirateurs. Une chanteuse, Sophie
Lapierre, maîtresse de Darthé, venait y chanter
une chanson dont le refrain était : « Le soleil luit
pour tout le monde ». Leur principal centre était
la *société du Panthéon*. Il y avait là deux sociétés :
l'une secrète, l'autre publique. Dans celle-ci, on
affectait de défendre le gouvernement du Directoire, qui, d'abord trompé, la prit presque sous sa
protection. Cependant des soupçons s'élevaient, et
un pamphlet, intitulé *le Secret du Directoire*, était
dirigé contre cette société du Panthéon, que l'on
rattachait d'une manière assez bizarre aux tem-
pliers, aux francs-maçons, aux révolutionnaires
italiens Rienzi et Masaniello, à Cromwell, aux char-
latans Cagliostro et Saint-Germain, aux *defenders*
de l'Écosse et aux *withe boys* de l'Irlande. Bientôt
des affiches insurrectionnelles furent posées sur les
murs de Paris et provoquèrent de nombreux attrou-
pements. Le club du Panthéon réclama l'exécution
des décrets de ventôse qui devaient assurer aux
indigents patriotes les propriétés des riches suspects [1]. Babeuf fut menacé et obligé de se cacher
chez les demoiselles Duplay, les anciennes amies
et hôtesses de Robespierre; et dont le frère, le

---

[1] Voir l'étude précédente.

charpentier Duplay, fut aussi compromis plus tard
dans la conspiration. Babeuf ne resta pas longtemps dans le même asile. Pourchassé partout et
plus ou moins bien recherché par la police, il pas-
sait de l'un chez l'autre, se cachait dans une cave
comme Marat, et continuait à publier de loin en
loin un numéro du *Tribun du peuple.* Bientôt sa
femme est arrêtée, mais, sur de pressantes et nom-
breuses sollicitations du parti populaire, encore
assez en crédit, rendue à la liberté. Son fils Émile,
âgé de douze ans, était chargé de lui donner des
nouvelles dans des lettres d'une orthographe douteuse et dans une langue digne du père Duchesne.
Bientôt le club du Panthéon fut dissous par le
général Bonaparte, alors chef de l'armée de Paris.

Jusqu'ici cependant il n'y avait encore eu que de
vagues tendances anarchiques se confondant plus
ou moins avec les menées du parti révolutionnaire.
C'est seulement vers la fin du mois de germinal
(an IX) que commence la véritable conspiration.
Un directoire secret de salut public, composé d'Antonelle, de Buonarotti, de Darthé, de Bodson, de
Simon Duplay, de Sylvain Maréchal, se forma pour
préparer le plan de l'entreprise. Antonelle et Bodson reculaient devant la guerre civile. C'est à ce
moment que se placent les articles d'Antonelle que
nous avons analysés plus haut. Quant à Bodson,
ses lettres à Babeuf portent sur le robespierrisme,
c'est-à-dire sur le système de la Terreur. Babeuf
avait commencé par maudire ce système et décla-
rer qu'il n'était pas à la hauteur; mais maintenant

ses vues étaient changées : c'était lui qui défendait le robespierrisme. Il trouvait que ce gouvernement dictatorial était « diablement bien imaginé. » Ils ont commis des crimes, dira-t on. « Pas tant! » Bodson objectait l'exécution d'Hébert et de Chaumette (ce qui prouve bien l'affiliation du babouvisme et l'hébertisme) : « Mais quand même ils seraient innocents, je justifierais encore Robespierre. Un régénérateur doit voir en grand. » Quant aux vaincus, quels qu'ils soient, « tant pis pour eux »! En un mot, « le robespierrisme, c'est la démocratie ». Bientôt, dans un des numéros du *Tribun du peuple*, Babeuf allait jusqu'à défendre les massacres de septembre, en prétendant que la présence des commissaires de section avait « légalisé les jugements » et que les assassins étaient « les prêtres d'une juste immolation ».

Il déclare que « ces exterminations étaient légitimes », que c'était « une tragédie utile et indispensable », et que s'il y a quelque chose à regretter, c'est qu' « un 2 septembre plus général n'ait pas fait disparaître tous les affameurs [1] ». Ainsi, à mesure qu'il approchait de son but, Babeuf répudiait de plus en plus ces idées de modération et d'humanité qu'il avait manifestées d'abord. Il sentait ne pouvoir réussir sans violence, et il se justifiait lui-même d'avance des moyens qu'il serait forcé d'employer.

[1] C'est ainsi que G. Naudé, dans ses *Coups d'état*, nous dit que, si la Saint-Barthélémy n'a pas réussi à extirper l'hérésie, c'est « qu'on n'a pas tiré assez de sang. »

Nous n'entrerons pas dans le détail des faits qui signalèrent la formation, le progrès et les développements de la conspiration de Babeuf. On les trouvera dans les écrits relatifs à cette affaire, dans Buonarotti et dans M. Édouard Fleury. Considérons seulement le but que l'on se proposait et les moyens qu'on comptait employer. Buonarotti nous dit que la plupart des pièces ont été détruites. Il ne reste que celles qui avaient été saisies au domicile de Babeuf et qui figurent au procès, plus quelques autres que Buonarotti avait conservées et qu'il a données dans son ouvrage (tome II, Appendice). Deux pièces surtout sont importantes : l'*Acte d'insurrection* qui indique les mesures transitoires qui devaient être prises immédiatement au moment du succès, et le *Décret économique*, qui devait fonder l'organisation sociale de la république des égaux.

Parmi les mesures transitoires, les plus importantes étaient celles-ci : des vivres de toute espèce devaient être portés au peuple sur les places publiques (art. 14). — Les boulangers devaient être réquisitionnés pour faire continuellement du pain, que l'on distribuerait gratuitement au peuple et qui serait ensuite payé par le gouvernement sur déclaration (art. 15). — Les biens des émigrés et des conspirateurs seraient distribués aux défenseurs de la patrie, et les malheureux seraient logés et meublés aux frais des conspirateurs (art. 17).

Buonarotti est un peu embarrassé de justifier ce dernier article, car transporter les biens des uns

entre les mains des autres, c'est changer les propriétaires, ce n'est pas abolir la propriété. Il semble
donc que cette mesure fût contraire au régime de
communauté que l'on voulait établir. Aussi n'était-
ce là qu'une mesure transitoire ; « le grand point
était de réussir ». Il ne fallait pas « décourager les
vrais amis ». C'est pourquoi on leur donnait les
biens d'autrui. Il ne fallait pas indisposer ceux qui,
ennemis de l'aristocratie, ne voulaient pas de l'égalité des biens. C'était pour ceux-ci, c'était pour
ménager les montagnards rebelles au communisme,
qu'on n'établissait pas d'abord la communauté. Mais
ce que ne promettait pas l'acte insurrectionnel, le
décret économique qui devait être porté après la
victoire se chargeait de l'organiser. En voici les
principaux points. On établissait en effet « une
grande communauté nationale, » composée des
biens nationaux non vendus, des biens des ennemis de la révolution promis aux malheureux par
les décrets de ventôse, des biens échus ou à échoir
par condamnations judiciaires, des édifices publics,
des biens des hôpitaux, des logements occupés par
les pauvres en vertu des articles transitoires, enfin
des biens *usurpés* et des biens *négligés*. On comprend que ces deux qualifications pouvaient aller
loin. On abolissait l'héritage et le droit de tester.
Tous les biens non compris dans l'énumération
précédente devaient donc ultérieurement revenir
à l'État par droit de succession. Enfin, on invitait
les autres citoyens à abandonner leurs biens. L'oisiveté, l'incivisme et le luxe étaient punis par les

travaux forcés, et les biens de ceux qui étaient ainsi condamnés étaient acquis à l'État. On voit que, par tous ces procédés, toutes les propriétés particulières devaient bien vite être absorbées par l'État tout entier.

Un autre ordre de mesures contribuait encore au même résultat. Les citoyens étaient divisés en deux classes : les membres de la communauté et les non-participants à la communauté. Les premiers étaient ceux qui avaient donné leurs biens à la République, les vieillards et les infirmes, les jeunes gens élevés dans les maisons d'éducation nationale, enfin ceux qui consacrent leur travail à la communauté. Les non-participants étaient ceux qui conservaient des propriétés particulières. Les uns étaient entretenus « dans une honnête et égale médiocrité » et recevaient tout ce dont ils avaient besoin ; on leur assurait le logement, l'habillement, le chauffage et l'éclairage, la nourriture et les secours médicaux ; les autres au contraire, les non participants, étaient seuls contribuables ; la cote des impôts était doublée pour eux, et l'impôt devenait progressif. Ils étaient tenus de verser dans les magasins publics leur superflu. De plus les dettes étaient abolies, et le commerce avec l'étranger interdit. La dette nationale était éteinte pour les Français, de sorte que les rentiers étaient d'un seul coup dépossédés. Cet ensemble de mesures devait amener forcément les non-participants à devenir membres de la communauté, car autrement on leur prenait leurs biens sans compensation. La communauté une fois formée, tout se passerait ensuite comme dans toutes les utopies communistes : magasins communs, banquets communs, travaux communs, distributions communes, tout ce que nous avons vu dans Morelly, tout ce qu'avait rêvé Thomas Morus, tout ce qui existe en réalité dans les couvents et dans les casernes. La division du travail se faisait nécessairement par voie d'autorité, chaque magistrat fixant dans les écoles même le nombre d'élèves proportionnée aux besoins. Les travaux devenaient des fonctions dont les lois prescrivaient les règles. Buonarotti, commentant ces beaux projets, nous dit que, pour alléger la fatigue, on comptait sur les inventions utiles ; que les occupations trop incommodes seraient réparties sur tous ; que les métiers seraient divisés en faciles et difficiles, et que chaque citoyen en exercerait de deux sortes. Les grandes villes seraient supprimées ; les vêtements seraient simples et propres, différents seulement suivant les âges et les professions. Il y avait cependant encore un certain nombre d'occupations qu'on ne savait comment réglementer et sur lesquelles Buonarotti est aussi vague que confus [1].

Le complot était maintenant entièrement orga-

---

[1] C'étaient par exemple : « les exercices du corps ; la culture de l'esprit ; l'éducation de la jeunesse ; l'instruction en général ; le maniement des armes ; les évolutions militaires ; le culte public ; l'apothéose des grands hommes ; les jeux publics et fêtes ; le perfectionnement des arts utiles ; l'étude des lois ; l'administration et les délibérations du peuple. »

nisé. Un directoire secret était formé. Au-dessus de
lui étaient douze agents chargés chacun d'un des
arrondissements de Paris. Ces agents ne connais-
saient pas les membres du directoire ; ils ne commu-
niquaient avec lui que par quelques conjurés choi-
sis. Cette communication était incessante : on a
conservé une partie de cette correspondance. On
organisait des réunions ; en embauchait des conjurés ; on pénétrait dans les ateliers, et surtout on travaillait l'armée. C'est par là que les tentatives les plus
actives commencèrent. Le gouvernement, pour
dérober les troupes à l'action de la contagion qu'il
craignait, avait formé des camps hors de Paris : on
ne fit par là que faciliter la tâche de la conspiration.
L'un de ces camps, le camp de Grenelle, devint le
centre d'un vaste embauchage. Les conjurés recom-
mandaient aux agents militaires le plan suivant :
« Saper à force les généraux et leurs états-majors
en ménageant les officiers subalternes. — Provo-
quer la désorganisation ou tout au moins l'indiscipline. — Promettre le pillage des riches et des
congés absolus[1].—Établir des bals, des guinguettes,
où on attirera les soldats en les faisant boire .» Ces
provocations eurent leur effet. Le mécontentement
et l'indiscipline se glissèrent parmi les troupes. En
effet, dans le calcul des forces dont Babeuf croyait
pouvoir disposer, on comptait 1,000 canonniers
bourgeois, 500 officiers destitués, 1,500 grenadiers

[1] Babeuf ajoutait à propos des congés promis « On saura
éluder l'accomplissement des promesses selon les circonstances. » .

du corps législatif, 6,000 hommes de la légion de
police, 500 militaires détenus et 1,000 invalides.

Une des difficultés que rencontrèrent les conspirateurs fut la négociation avec les anciens montagnards que l'on voulait associer à l'entreprise.
Babeuf consentait à accepter la constitution de 93
malgré ses deux vices principaux, à savoir la
reconnaissance du droit de propriété et la prépondé-
rance excessive du pouvoir législatif. Mais il faisait
ses conditions. Il demandait que la Convention se
composât exclusivement de proscrits de thermidor,
plus un démocrate par département, choisi par le
directoire secret; il demandait qu'on exécutât sans
restriction les dispositions de l'acte insurrectionnel,
enfin qu'on se soumît au décret rendu par le peuple
de Paris après la victoire. Les montagnards refu-
sèrent d'abord, puis ils finirent par consentir[1]. On
convint que les cinq directeurs et les conseils
seraient mis à mort. Le comité révolutionnaire
devait demander au peuple de lui conférer le pouvoir exécutif et l'initiative des lois. Tout était prêt
lorsque la dénonciation de Grisel fit tout échouer.

Grisel était un capitaine de la 32e demi-brigade
qui s'était laissé affilier au complot pour le
découvrir et le dénoncer. Cet homme paraît avoir
joué le rôle d'espion et de traître par conscience
et par amour du bien public. Comme il arrive
d'ordinaire, ce fut pour avoir été involontairement

---

[1] C'est donc à tort que Baudot dit, dans ses *Mémoires*,
que les montagnards se tinrent tout à fait en dehors du
complot de Babeuf.

entraîné par une demi-confidence dans une conspiration dont il ne partageait pas les principes qu'il
se décida à la trahison. Il était, en effet, placé
dans une cruelle alternative : ou d'aller jusqu'au
bout et d'être complice malgré lui, ou de passer
pour traître s'il voulait se retirer ; le danger n'était
pas beaucoup plus grand pour lui en acceptant
hardiment le rôle de dénonciateur. Il s'y décida
en croyant, disait-il, « servir la République d'une
manière glorieuse ». Et, en effet, il est incontestable qu'il la servit. C'est un de ces cas de conscience où la morale ne sait que dire et où le devoir
est violé, de quelque façon qu'on s'y prenne. Quoi
qu'il en soit, Grisel se laissa conduire dans l'endroit
qui était le centre de réunion des conspirateurs.
C'étaient les *Bains chinois*, que l'on appelait alors
« le Temple de la raison ». Là il fut mis en relation
avec l'un des principaux conjurés, Darthé, qui fut
plus tard condamné à mort et exécuté avec Babeuf.
Grisel, dès lors décidé à aller jusqu'au bout de
l'entreprise pour la faire échouer, se confia au
commandant de son bataillon, qui lui donna le
conseil de ne pas hésiter et de n'écouter que l'intérêt public. Grisel ne se contenta pas du rôle de
délateur ; il fit les choses plus grandement et devint
agent provocateur. On lui attribue un pamphlet
violent destiné à l'armée sous ce titre : *Lettre de
Franc-Libre, soldat de l'armée parisienne, à La
Terreur, soldat de l'armée du Rhin* [1]. Cette lettre fut

---

[1] M. Ed. Fleury (*Vie de Babeuf*, p. 169), attribue cette

reçue avec enthousiasme par les habitués des Bains chinois.

Mais jusque-là Grisel n'avait vu encore que les dehors de la conspiration. Il fut bientôt initié aux derniers secrets. Il est conduit le soir, avec force mystère, dans une maison de la rue de la Grande-Truanderie, où il se trouve en présence de cinq personnes qui composaient le comité insurrectionnel, le directoire secret destiné bientôt à remplacer le gouvernement du même nom. C'étaient Darthé, Babeuf, Buonarotti, Germain et Didier. Grisel les embrassa : « Je donnai, dit-il dans sa déposition, non pas le baiser de Judas à Jésus, mais celui de Judith à Holopherne . » Il proposa d'abord une pétition aux Cinq-Cents pour demander le soulagement des misères du peuple : « Il s'agit bien de prendre l'attitude de suppliants, s'écria Babeuf, quand on a les armes à la main ». Bientôt un nouvel adepte se présentait : c'était Rossignol, l'ancien général de la Vendée. Celui-ci s'opposait à la loi agraire, qu'il croyait reconnaître dans les plans des conspirateurs. Babeuf protesta contre cette imputation de loi agraire, puis il fit lecture de deux actes insurrectionnels, le premier qui a été conservé, et le second que nous n'avons plus. Celui-ci, selon Grisel, ordonnait le pillage et le massacre

lettre à Grisel. Cependant, dans le procès, elle est citée par l'accusation comme une des pièces incriminées, et mise à la charge des prévenus. On ne voit pas qu'ils en aient rejeté la responsabilité sur leur dénonciateur.

général des nobles et des riches. Grisel n'eut pas
le courage de s'associer, même en apparence, à de
tels crimes, et il essaya encore de décourager les
conjurés en leur montrant leur impuissance. Mais,
s'apercevant qu'il excitait leur défiance, il s'efforça
de se réhabiliter en luttant ensuite de férocité avec
les autres. Il proposa de mettre le feu à tous les
châteaux des environs de Paris, afin que, pendant
cette diversion, il pût tomber sur les Conseils et sur
le Directoire. Sa proposition fut repoussée. Le
moment décisif était venu.

Grisel demanda une entrevue à Carnot et lui fit
le récit de ce qu'il avait vu et entendu, récit qu'il
renouvela le lendemain devant tout le Directoire.
Une fois maître du secret, le gouvernement laissa
encore pendant quelque temps marcher l'affaire,
qui fut retardée par les difficultés soulevées par les
montagnards. Amar, Vadier, Vouland et quelques
autres ne consentaient pas à entendre parler de
« bonheur commun ». On essaya de se tromper
mutuellement. Une réunion dernière eut lieu chez
Drouet, l'ancien maître de poste qui avait arrêté
Louis XVI à Varennes et qui était alors membre du
conseil des Cinq-Cents. Babeuf fit là un discours
déclamatoire et vide. Il montra que depuis 1789
plusieurs révolutions s'étaient succédé, qu'il s'agissait d'en faire une qui serait la dernière de toutes
et qui atteindrait « le maximum de la vertu, de la
justice et du bonheur, l'apogée du bien ». Des discours il fallut passer aux faits. Le plan proposé,
d'après une des pièces saisies, était de « *tuer les*

cinq [1], les ministres, le général de l'intérieur et son état-major, de s'emparer de la salle des Anciens et des Cinq-Cents, de saisir les télégraphes, de se rendre maîtres de la rivière, etc. »; en un mot, on avait préparé tous les moyens déja bien connus alors de faire réussir une insurrection. Une autre pièce déclarait qu'il fallait « colérer le peuple » et mettre à mort quelques chefs. « Il est essentiel et capital que quelques actes semblables aient lieu. » Si une résistance se déclarait quelque part, il faut « que les flammes vengent à l'instant la liberté et la souveraineté du peuple ». Programme anticipé d'une insurrection future qui devait en effet, suivant le plan indiqué, commencer par l'assassinat pour finir par l'incendie. Il est certain que quelques-uns des conjurés, Rossignol entre autres, étaient des plus féroces [2]. Enfin, tout étant préparé, aussi bien du côté des conspirateurs que du côté du gouvernement qui les faisait surveiller, celui-ci donna l'ordre de s'assurer des conjurés et de leurs papiers. Le 20 floréal an IV, Babeuf et tous les chefs de la conspiration, ainsi que les adhérents, furent arrêtés mais on ne put saisir toutes les pièces : un grand nombre d'entre elles furent détruites ; plusieurs res-

---

[1] On discuta beaucoup dans le procès sur ces mots : *tuer les cinq*, qui, à ce qu'il paraît, étaient mal écrits et peu lisibles.

[2] Faut-il croire Grisel, lorsqu'il déclare avoir entendu ces propres paroles de la bouche de Rossignol : « Je ne me mêle pas de votre insurrection si les têtes ne tombent comme la grêle, si les tripes, les boyaux ne jonchent pas le pavé. »

tèrent entre les mains de quelques fidèles et furent
publiées plus tard par Buonarotti. Babeuf, une fois
en prison, fut assez fou pour écrire aux Directeurs
une lettre où il leur proposait de traiter de puissance à puissance, leur offrant le pardon s'ils
voulaient s'entendre avec lui. Cette lettre fut
insérée au *Moniteur*. Une haute cour de justice
se réunit à Vendôme, et cet immense procès com-
mença [1].

Les accusés, au nombre de soixante-cinq, dont
dix-huit contumaces, adoptèrent pour système de
défense de nier la réalité du complot. Leur défense
fut généralement pitoyable. Babeuf en particulier
se montra tel qu'il était, c'est-à-dire le plus médiocre
des hommes. Pas un mot, pas un éclair dans le
discours qu'il prononça en cette circonstance.
Incohérence, grossièreté de ton, stérilité absolue
d'idées, platitude de langage, tels sont les caractères de ses discours. Seul, Buonarotti fit preuve
d'adresse et de talent dans sa défense. Il essaya
d'atténuer le côté odieux et redoutable du complot.
Il se plaignit que l'on confondît « le système plato-
nique de la communauté des biens avec le pillage ».
C'est une extravagance de croire que des conjurés
eussent dans l'esprit la pensée de réaliser un tel
système du jour au lendemain. Ce n'étaient que des
désirs et des vœux. Bien loin de pousser au pillage,
le prétendu acte insurrectionnel mettait « les pro-

---

[1] Les pièces saisies et les débats du procès composent six
volumes in-8° (an IV et V).

priétés publiques et privées sous la sauvegarde du peuple (art. 19) ». Si l'on parle des vivres, des armes, des habillements à distribuer au peuple, ce devait être « aux frais de la République, non des particuliers ». Quant aux biens qu'on promettait aux patriotes indigents, c'étaient les biens des émigrés et des conspirateurs déjà condamnés. Buonarotti désavouait et répudiait absolument ce qu'il appelait « la production incompréhensible d'un esprit extravagant, » à savoir *le Manifeste des égaux.* Ce n'était, suivant lui, qu'un projet d'article qui était communiqué à Babeuf pour son journal. Cette phrase ridicule du *Manifeste :* « Disparaissez, distinctions ridicules de gouvernants et de gouvernés », est démentie par l'*Acte insurrectionnel*, qui établissait un gouvernement. A propos des pièces inculpées, il dit qu'à côté de quelques « phrases sévères » (*tuer les cinq*) on en trouve d'autres « qui ne respirent que la plus tendre sensibilité », par exemple : « Ne souffrez pas qu'il y ait un pauvre et un malheureux dans l'État. » Il soutenait qu'il n'y avait eu qu'une vague idée de rétablir la constitution de 1793, sans aucun commencement d'exécution et même sans aucun moyen d'exécution ; que d'ailleurs cette constitution avait été votée par le peuple en toute liberté, avant le régime de la Terreur. Était-il donc coupable de vouloir la rétablir ? Enfin, comme conclusion, il terminait en disant : « Il n'y a pas eu de conspiration ; » il demandait aux juges de descendre dans leurs cœurs et d'écouter la voix qui leur crierait : « Ces hommes n'ont rêvé qu'au

10.

bonheur de leurs semblables. » La haute cour ne
fut pas de cet avis. Babeuf et Darthé furent condamnés à mort; Buonarotti, Germain et cinq autres
furent condamnés à la déportation. Le reste fut
acquitté:

L'auteur bien informé de la *Vie de Babeuf*, M. Ed.
Fleury, a eu l'idée ingénieuse de terminer son livre,
comme les auteurs de romans, en nous apprenant
ce que sont devenus les principaux personnages
qui avaient été mêlés à cette tragique histoire. L'un
d'entre eux, Potofeux, acquitté par la haute cour,
se retira à Laon, où il termina sa vie assez longue,
comme avocat, « trouvant des clients, dit un biogra-
phe, jusque dans les familles qu'il avait autrefois
proscrites ». Germain, l'un des membres du directoire secret, vécut jusqu'en 1835, en cultivant ses
champs, sans souci de la loi agraire. Drouet, le
maître de poste, condamné à mort comme con-
tumace, devint sous l'empire sous-préfet et chevalier de la Légion d'honneur. Antonelle, le juré qui
avait fait condamner Marie-Antoinette, reparut en
1815, marquis et royaliste, et eut l'honneur de
fournir plus tard à Mme Sand le type d'un héros de
roman[1]. Grisel, le dénonciateur, qui avait continué
à servir dans l'armée française sans faire grande
fortune, fut tué en duel en Espagne par Émile Babeuf, le fils de la victime. Quant aux fils de Babeuf,
ils eurent eux-mêmes une assez triste destinée, dont

---

[1] *Le Péché de M. Antoine.* — Dans sa préface, l'auteur
parle « du type excentrique et cependant *pas tout à fait imaginaire* de M. de Boisguillebault, le marquis communiste. »

la fin ne fut pas sans honneur au moins pour deux
d'entre eux. Le plus jeune, Caïus-Gracchus, fut tué
en 1814, lors de l'invasion, par une balle ennemie.
Le second, en 1815, lors de la seconde entrée des
Prussiens à Paris, se précipita du haut de la colonne
Vendôme. L'aîné, Émile, celui qui tua Grisel, se fit
homme de lettres, puis libraire, puis il fit faillite et
alla mourir inconnu en Amérique. Le plus célèbre
et le seul distingué parmi les conspirateurs, Buonarotti, après avoir longtemps vécu en Suisse et en
Belgique, revint en France en 1830 : « C'était, dit
M. Ed. Fleury, un petit vieillard presque aveugle,
dont les cheveux et la barbe blanche encadraient
durement les traits hautains, un masque sévère, un
grand front qui portait l'empreinte d'une volonté
de fer. » Buonarotti vécut jusqu'en 1837. Il a vu la
naissance du nouveau socialisme; il a pu être en
rapport avec les jeunes révolutionnaires, et il a
servi de lien entre le communisme babouviste et le
communisme contemporain. Par lui, le complot de
Babeuf a cessé d'être un épisode fortuit et sans
conséquence. Il en a raconté l'histoire; il en a fait
l'apologie; il en a conservé et transmis la tradition.
La plupart des anarchistes contemporains ne sont
que les disciples du babouvisme; et le nihilisme lui-
même, malgré ses prétentions à l'originalité, n'en
est qu'un rameau détaché.

TABLE DES MATIÈRES

Coulommiers. — Typ. Paul BRODARD.